Wolfgang Meier

Lobo

Episoden aus dem Befreiungskampf der Sandinisten 1979

www.tredition.de

Inhaltsverzeichnis

Vorbemerkung

Das Buch hat als Hauptzweck, angesichts der aktuellen desolaten Lage in Nicaragua, das Interesse für die Situation und die Entwicklung dahin (wieder) zu wecken. Wie schon früher in den 80-er Jahren versucht der Autor, über einen persönlichen Aufhänger das allgemeine Thema ins Bewusstsein zu bringen.

Die in der nachfolgenden Erzählung beschriebenen Ereignisse fanden von Februar bis Juli 1979 statt und wurden in den ersten zwei Monaten 1980 aufgeschrieben, also relativ zeitnah.

Diese Aufzeichnungen wurden fast unverändert übernommen. Einiges würde ich heute so nicht mehr schreiben, ich habe es trotzdem beibehalten, um die Athentizität zu erhalten.

Daneben wurden noch Kästchen eingefügt, um bestimmte Sachverhalte näher zu erklären und zu systematisieren. Sie dienen auch zur Auflockerung des Textbildes.

Eine kurze Einführung in den geschichlichen Kontext und andere Elemente wie Personen- und Sachregister runden den Inhalt ab

Last Men Standing

Im Dezember 2011 treffen sich acht ältere Herren in der Nähe von Managua zu einem kleinen Fest aus Anlass des Besuchs eines Freundes aus Deutschland. Sie sind die Hälfte der noch verbliebenen Überlebenden einer Aktion der Sandinisten im Frühjahr 1979. Der legendäre "Comandante Cero" Eden Pastora hatte sie in ein Himmelfahrtskommando gegen die Nationalgarde Somozas geschickt. Von 128 Kämpfern überlebten damals nur ein Fünftel (24).

Später starben aus verschiedenen Gründen noch weitere acht, so dass damals (2011) nur noch 16 lebten.

Überleben

Che Guevara hat in einem seiner letzten Bücher eingangs geschrieben:

Man sagt, die Katze hat sieben Leben. Sechs habe ich schon verbraucht. Mir bleibt nur noch eines.

Im Falle des Autors dieses Buches müsste es heissen:

Ich habe schon viel mehr als sieben Leben verbraucht. Wieviele bleiben mir noch?

Die lebensgefährlichen Episoden in dieser Erzählung sind speziell gekennzeichnet.

Dies bezieht sich aber nur auf die Zeit von März bis Juli 1979.

Im späteren Leben hat der Autor noch einige Situationen erlebt, die getrost als lebensgefährlich eingestuft werden können, oder wie man in Lateinamerika sagt:

„Da bist Du aber neu geboren worden"!

Wenn eine Charakteristik greift, dann würde sich der Autor als Spezialist im Überleben bezeichnen.

Kurze geschichtliche Einordung der Ereignisse

Bis 19. Juli 1979

Nicaragua wurde vielfach Opfer von Interventionen der USA, davon allein in den ersten 3 Jahrzehnten des 20. Jahrunderts dreimal. Das dritte Mal blieben die Marines über mehrere Jahre, bis in die dreissiger Jahre hinein. Diese lange Invasion war vor allem der Tatsache geschuldet, dass sich ein starker militärischer Widerstand herausbildete, der von A.C.Sandino geführt wurde. Erst mit seiner feigen Ermordung 1934 konnte sich der neue Statthalter und „letzte Marine" und Befehlshaber der neugegründeten Nationalgarde, Anastasio Somoza, als neuer Machthaber etablieren. Die Dynastie Somoza war dann 45 Jahre lang an der Macht, bis 1979.

Im Zuge der kubanischen Revolution von 1959 kam es in zahlreichen Ländern Lateinamerikas zur Gründung von Guerrillabewegungen, um einen Umsturz ähnlich wie in Kuba herbeizuführen. So auch in Nicaragua. Die meisten Versuche scheiterten schon nach wenigen Monaten oder Jahren, wobei der in Nicaragua keine Ausnahme war, trotz der Berufung auf die Tradition von Sandino (Frente Sandinista de Liberación Nacional) und seinen antiimperialistischen Kampf. Mit Unterstützung Kubas konnte jedoch eine minimale Struktur des bewaffneten Widerstandes aufrecht erhalten werden, obwohl es dazwischen immer wieder fürchterliche Niederlagen gab, einschliesslich des Todes des Gründers Carlos Fonseca 1974.

Schon Ende 1974 führte die FSLN, noch als Einheit, als Antwort darauf eine Aktion durch, die paradigmatisch sein sollte für eine spätere im Jahr 1978. Sie drang mit einem Dutzend Leuten in ein Fest von hohen Funktionären ein, zu denen auch Verwandte von Somoza gehörten. Durch die Geiselnahme machte sie auf sich aufmerksam (Erklärung im Radio), bekam Geld und presste Gefangene frei.

Spätestens ab diesem Zeitpunkt entbrannte die Diskussion, wie der Kampf weitergeführt werden sollte. Neben der traditionellen Landguerilla (GPP - Guerra Popular Prolongada) gab es auch den Standpunkt, dass der Kampf vor allem in den Städten und mit der beginnenden Arbeiterklasse geführt werden müsse (Tendencia Proletaria). Schliesslich entstand auch noch ein dritter Standpunkt: weg vom Sektierertum, Bündnis mit allen fortschrittlichen Kräften, vor allem den Intellektuellen und allen politischen und wirtschaftlichen Kräften, die gegen Somoza waren. Schliesslich ein breiter Aufstand. Deswegen wurde diese dritte „Tendenz" „Tercerista" oder „Insureccional" genannt.

Gefördert wurde diese letzte Strategie durch die Tatsache, dass das Erdbeben in Managua vom Dezember 1972 von Somoza und der Nationalgarde schamlos zur eigenen Bereicherung und gleichzeitigen faktischen Enteignung der städtischen Mittelschicht von Managua ausgenutzt wurde. Die Innenstadt von Managua wurde nicht mehr aufgebaut und damit verloren alle Eigentümer ihren Besitz. Gleichzeitig wurden neue Stadtviertel weiter aussen ausgewiesen, auf Grundstücken von Somoza und seinen Gehilfen, wo die ehemaligen Besitzer von Grundstücken in der Innenstadt die neuen Grundstücke kaufen und neue Häuser bauen mussten. Auch an der neuen Infrastruktur verdienten vor allem die Firmen Somozas. Dies erzeugte einen tiefen Hass gegen ihn und trug zu der allgemeinen Überzeugung bei, dass er und sein politisches System weg mussten.

Ab Februar 1977 führte die neue Tendenz (Tercerista) erste eigene Aktionen durch. Zu erwähnen ist vor allem die in Masaya, besonders im Indio-Stadtteil Monimbó, die von dem jüngsten der drei Ortega-Brüder, Camilo, geführt wurde. Die Aktion schlug kläglich fehl, Camilo Ortega kam dabei um. Der älteste Bruder, Daniel sass zu diesem Zeitpunkt im Gefängis in Managua, der mittlere, Humberto, führte die Tendenz von Costa Rica aus, zusammen mit anderen (z.B. Victor Tirado).

Im Oktober (13.10.77) erregte eine weitere Aktion dieser Tendenz Aufsehen, ein Angriff auf die kleine Garnison der Nationalgarde in San Carlos, Hauptort des Departaments Rio San Juan, an der

Grenze zu Costa Rica. Er wurde geführt von einem weiteren Chef dieser Tendenz, Plutarco Hernández, einem Tico (Costaricaner). Die Truppe bestand fast ausschliesslich aus Bewohnern der Inselgruppe von Solentiname, etwa 20 km im See von Nicaragua vor San Carlos gelegen. Es waren unter anderem dabei: Alejandro Guevara, später Gouverneur von Rio San Juan; Bosco Centeno, später der Militärchef der Region (letzter Chef der „Base 20"); Felipe Peña, später Mitglied der Gruppe in der Guerrilla, in der auch der Autor war; er wurde bei der Aktion gefangen genommen und verbrachte mehrere Monate in einem Loch in der Garnison / Festung von San Carlos, bis eine weitere Aktion (Nationalpalast) ihn befreite.

Die Aktion schlug vor allem deswegen fehl, weil zufällig eine neue Anti-Guerrilla-Einheit der Nationalgarde ganz in der Nähe auf einer Somoza-Hacienda übte. Diese Einheit hiess EEBI – Escuela de Entrenamiento Básico de Infanteria. Wie der Name sagt, war sie eigentlich als Ausbildungszentrum gedacht, um junge Soldaten für den Kampf auf dem Lande auszubilden und als Basis für eine Teilung der Nationalgarde in eine Polizei und ein Heer. Durch die nachfolgenden Ereignisse wurde dies aber verhindert und die EEBI wurde eine Eliteeinheit und das Hauptinstrument der Repression auf dem Lande, mit moderner Ausrüstung und Bewaffnung.

In der Stadt entstanden als Gegenstück dazu die BECAT – Brigadas Especiales de Combate Antiterrorista. Diese Einheiten bestanden ebenfalls aus jungen Soldaten, benutzten vor allem orangefarbene spanische Ebro-Jeeps und ebenfalls moderne Bewaffnung.

Daneben gab es noch die „alte" Guardia, also ältere Soldaten / Polizisten, genannt „Panzones" (Dickbäuche, im Gegensatz zu den jungen „Chigüines" = Jungs), mit alten Waffen.

Anfang 1978 gab es weitere kleine Aufstände in fast allen mittleren Städten des Landes, die aber systematisch von der Nationalgarde einer nach dem anderen niedergeschlagen werden konnten. Sie hatte eine neue mobile Truppe (EEBI) und benutzte auch Flugzeuge und Hubschrauber, neben kleineren Panzern.

Im August 1987 gab es die grösste Geiselnahme, oben schon kurz erwähnt. Von nur zwei Dutzend Kämpfern wurde der Nationalpalast besetzt, Sitz vieler Ämter und vor allem des Parlamentes. Nur die grossen Fische wurden gefangen gehalten, die anderen freigelassen. Somoza gab nach langem Pokerspiel nach, vor allem weil enge Verwandte unter den Geiseln waren. Es wurden wieder wie fast 4 Jahre vorher drei Ziele verfolgt: Propaganda, Geld und Freipressung von Gefangenen (unter anderem Daniel Ortega und der in der Erzählung erwähnte Felipe Peña – der Transport von ihm von San Carlos nach Managua verzögerte die Abreise. Die anschliessende Fahrt zum Flughafen wurde zu einem Triumphzug und bestätigte die Terceristas in dem Glauben, dass man auf dem richtigen Weg war und die Unterstützung der Bevölkerung hatte.

Normalerweise ist die Aktion mit dem Namen des „Comandante Cero" (Eden Pastora) verbunden, weil er der einzige war, der sein Gesicht öffentlich zeigte. Aber es gab auch andere, die danach bekannt wurden, und viele, die anonym blieben, wie zwei in der Erzählung erwähnte: „Chacalote" (Zugführer) und „Porfirio" (Gruppenführer).

Dies war auch die Aktion, die den Kampf der Sandinisten in aller Welt bekannt machte und auch mich zum ersten Mal darauf aufmerksam werden liess.

Von da an bereitete die Tercerista-Führung den Aufstand vor. Dazu kam noch ein weiteres positives Element: die Wiedervereinigung der drei Tendenzen im Mai 1979 auf Druck hin von Kuba, Panama, Costa Rica und Venezuela. Die nun neunköpfige Führung bestand aus jeweils 3 Vertreter von jeder Tendenz.

Die in der Erzählung geschilderte Aktion im Südosten südlich von Nueva Guinea („Coluna Jacinto Hernàndez") sollte die Elitetruppe der Guardia im Urwald binden und damit ihre im Jahr davor gezeigte Mobilität verringern. Da diese Aktion aber zu einem Desaster führte, war sie der letzte grosse Sieg der Guardia und setzte die EEBI wieder frei als bewegliche Eingreiftruppe.

Der eigentliche Aufstand begann mit einem nationalen Generalstreik Anfang Juni 1979 und ging dann schrittweise über in bewaffnete Aktionen. Obwohl von aussen über Radio koordiniert, war diese Koordination mangelhaft. Auch die anderen Elemente der Vorbereitung waren unvollständig: wenige gute Waffen, wenig Munition, wenig Koordination untereinander. Trotzdem hielten sich die Aufständigen lange gegen die Guardia. Diese musste bald auch grössere Kräfte für den Süden abstellen, weil die FSLN ihre Hauptkräfte dort einsetzte, von Costa Rica aus. Zuerst in dem Angriff auf die Ortschaften El Ostional und El Naranjo, von wo sie von der Guardia postwendend wieder vertrieben wurden. Danach erfolgte der Hauptangriff direkt auf der Panmericana, am Grenzübergang Peñas Blancas. Er war erfolgreich und konnte bis über die nächste Ortschaft (Sapoá) hinaus weitergeführt werden, wo er allerdings gestoppt wurde. Aus diesem Patt heraus wurde ein Stellungskrieg, der auf beiden Seiten viele Kräfte band (wie auch in der Erzählung beschrieben). Für die FSLN war es wichtig, einen (kleinen) Teil des nationalen Territoriums besetzt und unter ihrer Kontrolle zu halten.

Mittlerweile zeigten sich die ersten Schwächen der mangelhaften Vorbereitung. Man rechnete eigentlich nur mit drei Tagen Aufstand. Nach drei Wochen hatten die Kämpfer in Managua keine Munition und sonstige Ressourcen mehr und mussten sich unter grossen Opfern und Verlusten nach Masaya absetzen, wo die Situation noch besser war und wohin auch sporadisch Nachschub über Kleinflugzeuge kam.

Die entscheidende Wende kam aber auf dem diplomatischen Wege. In der OAS – Organisation Amerikanischer Staaten stimmten alle Staaten ausser Guatemala und Paraguay gegen die Absicht der USA, eine Intervention in Nicaragua zu starten und Somoza dadurch zu stützen. Das machte die Situation für Somoza unhaltbar. Die USA, noch unter Carter, drängten nun auf eine Lösung ohne Somoza, aber mit Aufrechterhaltung des übrigen Status quo, vor allem unter Beibehaltung der Guardia, die mit der Rebellenarmee verschmolzen werden sollte.

Als Teil des Drucks von Somoza während der Verhandlungen (oder als Vorbereitung für den Rückzug von ihm ?) wurde bestimmt auch der Angriff der Guardia in der Südfront am 14.Juli durchgeführt, bei dem ich verwundet wurde.

Als Somoza aber am 17.Juli das Land verliess Richtung Miami, implodierte die Guardia. Wie bei den alten Indianern, wenn die Kazike fällt oder sich zurückzieht, hauen auch die Krieger ab. Am 18. gab es keine Offensivaktionen der Guardia mehr. Die neue Junta etablierte sich zuerst in León, der ersten grossen befreiten Stadt. Die FSLN schoss nun auf die flüchtende Guardia (vor allem Richtung Norden nach Honduras), am 19.Juli rückte sie widerstandslos in die Hauptstadt ein. Damit waren auch alle Verhandlungsergebnisse von vorher gegenstandslos und die FSLN übernahm alleine die Regierung.

Nach Juli 1979

Ihrer Politik des Bündnisses mit bürgerlichen Kräften folgend, wurde als oberstes Regierungsorgan eine fünfköpfige Junta eingesetzt, mit 2 Vertretern aus dem anti-somozistischen Lager (Robelo, Violeta Barrios). Diese schieden aber früh aus, da die FSLN bald zeigte, wer das sagen hat und was die offizielle Politik ist, nämlich Blockfreiheit und eine staatliche Führung der Wirtschaft. Aus dem verstaatlichten Besitz von Somoza und seiner engeren Anhänger (und von Besitzern, die nicht im Lande lebten), wurde ein riesiger Sektor geschaffen, der etwa ein Drittel der Wirtschaft umfasste, sowohl auf dem Lande als auch in der Stadt (Industrie, Handel, Immobilien usw.). Dies führte auf Grund der Reorganisation, Unfähigkeit und fehlenden Erfahrung der eingesetzten Geschäftsführer fast nur zu Verlusten. Es gab eine Zeit, als in der Stadt nur die verstaatlichten Moteles (Stundenhotels) Gewinn abwarfen. Nach dem Brand von San Carlos wurde diskutiert, was mit der freien Fläche passieren sollte. Die Comandante Monica

Baltodano meinte spöttisch, man könne ja einen Garten einrichten; das wäre vielleicht das erste Projekt des INRA (Landwirtschafts- und Agrarreform-Ministerium), das Gewinn machen könnte.

Agrarreform in den ersten Jahren wurde vor allem als Verstaatlichung verstanden. Jeder Kleinbauer auf der Welt will aber eigenes Land, möglichst auch noch ohne eine Einbindung in solche Fesseln wie Genossenschaften. Diese Politik war der Grundstein für das Unwohlsein vieler Bauern mit der Revolution, die später oft in die passive und aktive Unterstützung der Contra mündete.

Die massive Alphabetisierungskampagne nach kubanischem Vorbild, bei der zehntausende Schüler und Studenten aus der Stadt aufs Land kamen, konnte die Kluft zwischen Stadt und Land nur zeit- und teilweise etwas schliessen. Die Revolution war eine Revolution der Städte, der städtischen Mittelschicht, der städtischen Jugend. Auch die Führer stammten aus genau diesen Schichten. Nur wenige wie etwa der Comandante Henry Ruiz kannte das Land durch den jahrelangen Kampf im Urwald, hatte aber wenig Einfluss.

Als dann die Contra bekämpft werden musste, wurde wie bei der Alphabetisierungskampagne nicht auf Klasse gesetzt, sondern auf Masse. Dies hatte fatale Folgen: diese städtischen Jugendlichen kannten nicht das Land (im Gegensatz zu den lokalen Bauern), sie waren kaum motiviert (mussten spaeter sogar massiv eingefangen und zwangsweise rekrutiert werden – fatal für das Ansehen der Regierung), sie fehlten als Arbeitskraft in der Stadt, vor allem aber banden sie einen grossen Teil der ohnehin knappen Ressourcen. Am Schluss hatte das Heer etwa 90.000 Soldaten, bei einer Bevölkerung von 5 Mio (zum Vergleich: das wäre wie etwa 1,5 Mio Soldaten in Deutschland). Diese Strategie des massiven Einsatzes von Ressourcen spielte genau der Contra und ihren Herren in den USA in die Hände (mittlerweile war Ronald Reagan an der Regierung).

Auf der anderen Seite war die FSLN jetzt alleine, ohne ihre bürgerlichen Bündnispartner, die spätestens mit den Wahlen 1984 in die Opposition gegangen waren. Ab Mitte der achziger Jahre merkte man die Auswirkungen der oben beschriebenen Entwicklungen. Da half auch die wirtschaftliche und militärische Unterstützung aus den „sozialistischen" Ländern nicht viel. Die Regale der Supermärkte waren leer, nur notdürftig gefüllt mit Sardinen aus der UdSSR und Marmelade aus Bulgarien. Es gab viele Sparmassnahmen, selbst das Kulturministerium unter Padre Ernesto Cardenal wurde angeschafft, angeblich aus Mangel an Mitteln, obwohl der Name ein Leuchtturm in der gerade damals wichtigen PR-Arbeit war. In Wirklichkeit war es wohl schon damals eine Intrige von Rosario Murillo, die keine Konkurrenz „ihrer" sandinistischen Künstlervereinigung durch die liberalere Politik des Ministeriums dulden wollte. Schon damals war sie herrisch und intrigant. Wer nicht spurte, kriegte Aufführungs- oder Auslandsreise-Verbot.

Aber mit der Wahlen von 1984 und danach wurde auch ihr Mann Daniel Ortega immer dominanter in Partei- und Regierungsspitze. Einige der 9 Comandantes wurden gleicher als die anderen, neben ihm vor allem sein Bruder Humberto sowie Tomas Borge, also die Spitzen von Armee und Polizei.

Auf Druck von aussen wurden schliesslich 1989 Verhandlungen mit der Contra aufgenommen (Sapoá, ganz in der Nähe der ehemaligen Südfront). Diese endeten mit einer Vereinbarung zur Beendigung der Kampfhandlungen, die von beiden Seiten als Sieg gefeiert wurden. 1990 wurden dann Wahlen abgehalten, als Teil dieser Vereinbarungen und weil sowieso turnusgemäss welche fällig waren. Überraschenderweise gewann die Opposition. Die FSLN brauchte einen Tag für den Meinungsbildungsprozess, ob man das Wahlergebnis anerkennen sollte, was dann aber doch geschah.

Danach begann das Schachern um die Bedingungen des Übergangs. Vor allem aber begann eine hektische Aktivität, wie man seine Pfründe sichern konnte. Im Vordergrund ging es vor allem darum, die (Wohn)Häuser zu behalten, die meist aus beschlagnahmten Besitz stammten. Darüberhinaus ging es aber unter der

Hand auch um grossen Besitz, den man aus dem Staats- in Eigenbesitz überführen wollte. Diese Aktion gelang auch weitgehend, bekannt als „Piñata", also etwa Bescherung. Damit wurde eine neue „sandinistische" Unternehmer- und Landbesitzer-Klasse geschaffen. Diese verlor auch weithin das Interesse am politischen Kampf und konzentrierte sich weitgehend auf ihre neuen wirtschaftlichen Aktivitäten. Diese Demotivierung stärkte die wenigen in der FSLN-Führung, die den politischen Kampf nicht aufgaben, vor allem wieder Daniel Ortega. Er war als Chef der grössten und am besten organisierten Partei weiterhin einflussreich. Wer ihm widersprach oder ein Umdenken einforderte, wurde sukzessiv ausgeschaltet oder gab selbst entnervt auf, auch sein langjähriger Wegbegleiter und Spiessgeselle Sergio Ramírez. Der Parteiapparat blieb in seiner Hand und wurde eisern kontrolliert.

Gleichzeitig gab es die Politik des „Regieren von unten". Damit meinte Ortega sowohl das Ausnutzen der Strukturen der Partei und das Erobern von einzelnen offiziellen Regierungstrukturen, vor allem des Justizapparates. Daneben wurde die Strasse als Form des Druckes genutzt. Ständig gab es Aktionen gegen die Regierung, in milder Form als Demonstrationen, in weniger milden als Besetzungen und Strassensperren. Der Autor wurde damals auch Opfer einer solchen Aktion, als der Daniel-Mob das Auto zertrümmerte (um 2000 herum).

Nach der Regierung von Violeta Barrios kam die Ära von Arnoldo Alemán, der nicht nur noch reaktionärer, sondern vor allem viel korrupter war. Auf der anderen Seite hatte auch Daniel Ortega ein grosses Problem, denn seine Stieftochter klagte ihn an wegen sexuellen Missbrauchs als Minderjährige. Kurz darauf schloss Ortega im Jahr 1999 einen Pakt mit seinem korrupten politischen Konkurrenten Arnoldo Alemán (PLC). Seitdem war die Parlamentsfraktion der PLC nicht mehr bereit, für die Aufhebung der Immunität von Ortega zu stimmen. Außerdem war nun auch Ortegas Partei FSLN dagegen, die parlamentarische Immunität von Alemán aufzuheben, um ihn wegen der mindestens 100 Millionen Dollar öffentlicher Gelder, die er sich privat angeeignet hatte, vor

Gericht zu bringen. Dieser „Pacto" ist der Grundstein allen weiteren Übels in der Politik Nicaraguas. Der ganze Staat wurde aufgeteilt nach dem Motto: drei für dich, drei für mich, sowohl durch Änderungen der Zusammensetzung der obersten Gerichte und der Wahlbehörde, als auch in der Regierung und anderen Behörden.

Dieser Pacto, der in verschiedenen Formen bis 2011 in Kraft war, erlaubte es Daniel Ortega, einige wichtige Verfassungsänderungen (auf nicht legale Weise) durchzuführen, sozusagen kleine kalte interne Putsche:

- Herabsetzung der Mindeststimmenzahl bei der Präsidentenwahl auf 35 % (das Stimmpotenzial der FSLN lag immer bei etwa 38 – 40 %, somit hätte er bei der geltenden 50 % -Regelung niemals eine Chance gehabt, wieder alleine ohne Koalitionen Präsident zu werden)
- Wiederwahl (was vorher verboten war)
- Weitere Änderungen der Zusammensetzung der obersten Gerichte und der Wahlbehörde, vor allem auch nach dem Ende des Pakts

Durch die Änderung der Zusammensetzung in der Wahlbehörde wurde auch Tür und Tor geöffnet für eine Manipulierung der Wahlergebnisse. Während die Wahlen 2006 noch einigermassen korrekt abliefen (Daniel Ortega erreichte ja sein Ziel, wieder Präsident zu werden), wurden die Fälschungen bei den darauf folgenden Wahlen (sowohl nationale als auch kommunale) immer schlimmer und unverschämter. Das ging so weit, dass er 2011 seinem Kumpan und Spiessgesellen Arnoldo Alemán ein Bein stellte und sich eine Mehrheit und dem ex-Partner ein minderes Ergebnis zubilligte. Damit brauchte er Alemán nicht mehr und der Pakt war beendet. Daniel war Alleinherrscher.

Er bestimmt die grossen Linien, seine Frau Rosario Murillo herrscht unerbittlich über Partei- und Regierungs-Apparat. Am Schluss wurde sie sogar formell Vize-Präsidentin. Dieser zweite Aufstieg von Daniel Ortega hat auch mit einem wichtigen externen Faktor zu tun: dem Chavismus. Der Präsident von Venezuela

Hugo Chavez baute im Rahmen seiner bolivarianischen Ideologie ein internationales Bündnis auf, die ALBA – Alianza Latinoamericana Bolivariana. Neben Bolivien und Ecuador war Nicaragua ein weiterer wichtiger Pfeiler der ALBA. Da Venezuela damals neben Öl auch viel Geld hatte, köderte er seine Partner mit diesen Mitteln. Im Falle von Nicaragua waren das in 11 Jahren jeweils etwa 450 Mio Dollar jährliche Unterstützung, noch einmal so viel wie der ganze Staatshaushalt! Das ganze Geld und die dazugehörigen Finanz- und Wirtschaftsströme wurden von Daniel Ortega wie eine Privatschatulle am Staat vorbei verwaltet. Das wichtigste Instrument war Albanisa – ALBA de Nicaragua S.A., eine Holding mit vielen Unterfirmen, die den Handel (Im- und Export) mit Venezuela monopolisiert(e).

Ein Teil der Gelder wurde durchaus für Sozialprogramme und Investitionen (zugunsten seiner Familie) verwendet, ein grosser Teil aber zur eigenen schamlosen Bereicherung und zu Korruptionszwecken. Seit dem Debakel in Venezuela unter Maduro ist diese Quelle aber weitgehend versiegt. Die fetten Jahre waren vorbei. Es waren Anpassungen angesagt, die aber auf Widerstand stiessen, vor allem auch deswegen, weil sie wie schon seit Jahren üblich von Ortega völlig autokratisch ohne irgendwelche vorherigen Diskussionen angeordnet wurden.

Bis dahin hatte er auf der Wirtschaftsseite Ruhe durch einen stillen Pakt mit dem Unternehmertum, das von dem Wirtschaftaufschwung profitierte und deshalb ruhig war. Die Rhetorik war zwar weiterhin sandinistisch und revolutionär, aber in der Praxis gab es einen Pakt, wie ihn Putin mit den neuen Oligarchen in Russland hat: sie dürfen ihr geraubtes Geld behalten und weiterhin Geschäfte machen, so lange sie sich aus der Politik raushalten. Nur Chodorchowski hielt sich nicht daran und musste die Konsequenzen spüren. In diesem Fall in Nicaragua hielt der Pakt 11 Jahre, bis er durch die Ereignisse im April 2018 praktisch gekündigt wurde.

Auch mit der katholischen Kirche, einem grossen Widersacher in den achziger Jahren, wurde ein Pakt geschlossen unter einem verqueren Motto. Daniel und Rosario erkauften sich den Pakt durch eine rigorose und reaktionäre Gesetzgebung in Sachen Abtreibung und viel Lobhudelei. Der alte Widersacher Kardenal Obando y Bravo andererseits wurde kaltgestellt, einerseits durch ein Verschweigen einer Vaterschaft und andererseits durch die Förderung des Sohnes (im Wahlrat).

Mit am erstaunlichsten war jedoch der stille Pakt mit dem anderen Erzfeind, den USA. Die Rhetorik war zwar auch hier weiterhin sandinistisch und revolutionär, aber in der Praxis gab es eine enge Zusammenarbeit in Fragen der Migration (vor allem des Unterbindens der damals grossen Migration aus Ecuador über den mittelamerikanischen Korridor) und des Kampfes gegen den Rauschgiftschmuggel. Armee, Marine, Luftwaffe und Polizei von Nicaragua waren die engsten und effizientesten Verbündeten der ensprechenden US-Behörde DEA. Das wurde auch belohnt in vieler Form, unter anderem mit vielen Pick-ups, man spricht von 120. Diese wurden von der US-Botschaft erst zurück gefordert, als sie gegen Demonstranten eingesetzt wurden – da wurden sie auch brav zurückgegeben.

Diese Demonstranten waren anfangs viele Alte, die gegen die Minderung ihrer Renten demonstrierten, danach Umweltaktivisten, die gegen die Untätigkeit der Regierung angesichts der Waldbrände im Südosten schimpften und schliesslich vor allem Studenten und Schüler, die sich den beiden anderen Gruppen anschlossen, zuerst demonstrierten, dann die Unis besetzten und schliesslich Barrikaden errichteten. Genau die gleichen Mittel, die die Sandinisten in den siebziger Jahren anwendeten und die gleichen Mittel, die die „sandinistischen" Horden von Daniel Ortega in den neunziger Jahren benutzten.

Dieses Mal wurde es aber als Verrat und Majestätsbeleidigung angesehen, wie seine Stieftochter Zoilamerica Narváez treffend beschreibt. Gegen solche Verbrechen geht man mit Härte vor, was er auch tun liess, nicht nur in Form von Schlagstöcken und Tränengas, sondern auch Schüssen und neu aufgestellten Banden, da die Polizeikräfte offensichtlich nicht ausreichten gegen die Demonstranten. Die Zahlen der Toten schwanken, gehen aber über 500 hinaus, desgleichen die der Gefangenen, die tagtäglich steigt. Die dritte Phase der Repression ist in vollem Gange: die Einführung und Verschärfung von Gesetzen und ihre harte und konsequente Anwendung.

MEMOIREN

Vorgeschichte und Motivation

Ich hatte mich entschieden. Eine Entwicklung von vielen Jahren hatte seinen - im nachhinein - logischen Abschluß gefunden: ich werde nach Nicaragua gehen und kämpfen. Schon mit 15 Jahren hatte ich in der Schülerzeitung meines Gymnasiums gegen den Vietnamkrieg geschrieben; danach brachte Ich den Aspekt des Befreiungskampfes auch in die Juso- und Gewerkschaftsjugend-Arbeit ein - so gut das eben ging. Nach dem Putsch in Chile habe ich hitzige Diskussionen mit Kameraden und Vorgesetzen in der Bundeswehr geführt und während meiner Studentenzeit schließlich setzte ich die Solidarltätsarbeit in vielfacher Weise fort.

Dabei konzentrierte ich mich vor allem an der Uni auf Lateinamerika. Einmal weil dort die Probleme mit am akutesten waren, zum anderen, weil nicht eine so große kulturelle Distanz vor handen ist wie im Fall von Afrika und Asien (vor allem, wenn man sich mit den Sprachen und der ganzen Kultur schon beschaeftigt hat), schließlich aber auch aus einer gewissen emotionellen Vorliebe, die nicht so leicht erklaerbar ist, sicher aber mit so Phaenomenen wie Che Guevara, Camilo Torres und Freundschaften mit vielen Lateinamerikanern zu tun hat. Mein Interesse galt zuerst den grösseren Laendern der Region, vor allem Brasilien, Chile, Mexiko und nach dem Putsch von Videla und Konsorten auch Argentinien. Dieses Interesse war so groß, daß ich zwar formell weiterhin Volkswirtschaft studierte, aber in Wirklichkeit mehr als die Hälfte meiner Zeit mit Lateinamerikakunde und den entsprechenden Sprachen verbrachte. Auch in meinem Freundeskrels herrschten Latinos vor.

Aber ich bin kein großer Freund von reiner Theorie. Schon in der Schule hatte ich den Spitznamen "Che", nicht nur wegen meiner geistigen Verwandtschaft mit Ernesto Guevara, sondern auch wegen meiner festen Überzeugung, daß sich in bestimmten Situationen die Anwendung von Gewalt nicht vermeiden läßt, vor allem dann, wenn grundlegende Umwälzungen der gesellschaftlichen Verhaeltnisse nötig sind - die herrschenden Klassen geben schliesslich die Macht nicht kampflos ab. Diese Überlegung ist universal anwendbar und ist nicht auf Lateinamerika oder die Dritte Welt beschraenkt. Konsequentermeise muss man sich dann auch in diesem Geschaeft auskennen; dieser Entschluss ist nicht ganz leicht innerhalb einer deutschen Linken, die traditionell anti-militaristisch und pazifistisch eingestellt ist. Sie ist aber gegen den preussischen und nationalsozialistischen Militarismus entstanden und hat wegen ihres Pazifismus einen entscheidenden Faktor (die bewaffnete Macht) ausser Acht gelassen. Schon der alte Mao aber schrieb, dass die Macht aus den Läufen der Gewehre kommt (natürlich nicht nur...) - nur wer aber die Macht hat, kann wirklich etwas verändern, ohne sie ist alles nur Sandkastenspiel.

Das ist mir im Laufe meiner politischen Taetigkeit schmerzlich bewusst geworden. Veraendern aber will ich diese Welt! Zur Veraenderung genügt aber nicht das Wollen - das ist sogar sehr untergeordnet, so lange es nur einer oder einige wenige wollen. Das schwierige bei gesellschaftlichen Umwaelzungen ist ja gerade, dass nicht nur die objektiven Verhaeltnisse entsprechend sein müssen (die objektiven Bedingungen sind ja meist gegeben und können durch die marxistische Analyse auch relativ leicht erfasst werden). Viel schwieriger ist es, die subjektiven Bedingungen zu schaffen, vor allem das entsprechende Bewusstsein; nicht zu vergessen sind aber auch die notwendigen Faehigkeiten, womit wir wieder beim Militaer sind. Aus diesem Grunde (und einigen anderen mehr) ging ich zum "Bund", und zwar nicht bloss so lala, sondern ich wollte eine gute Ausbildung erhalten: ich meldete mich deshalb zu den Fallschirmjaegern und verpflichtete mich auf 2 Jahre, um Reserveoffizier werden zu können (ursprünglich wollte ich sogar noch mehr machen, die Erfahrungen beim Bund jedoch haben mich eines besseren belehrt; die Abneigung war auch beidseitig). Ich habe nicht daran gedacht, meine beim Bund erworbenen Faehigkeiten sofort anwenden zu wollen, sondern sah das ganze sehr viel langfristiger, nach dem Motto: wenn Du wrklich konsequent bist, wirst Du es eines Tages brauchen..

Sieht man sich die Situation in der Bundesrepublik an, wird man sehr schnell feststellen, daß hier fast alle subjektiven Bedingungen für eine Veraenderung fehlen, aber auch die objektiven (in diesem Bereich lag ein entscheidender Fehler in der Analyse von RAF etc.): den Deutschen geht es wirklich unwahrscheinlich gut, auch den Arbeitern - zumindest maferiell gesehen, und das zaehlt ja in so einer materialisierten Welt. Gleichzeitig könnte man verrückt werden, wenn man die Not In den Laendern der südlichen Hemisphaere anschaut (ich habe übrigens schon in der Schülerzeitung auch einen langen Artikel über den Hunger in der Welt geschrieben ...). Wenn man nun die Gründe für diese Diskrepanz der Lebensniveaus untersucht, dann stellt man erstaunt fest, daß nicht nur der deutsche Industrielle, sondern auch der deutsche Arbeiter, Bauer usw. auf Kosten der Armut des überwiegenden Teils der Menschheit lebt - und zwar sehr gut lebt. Es besteht gewissermaßen eine neue Klassensituation auf Weltmaßstab (übrigens so neu ist die gar nicht, schon gar nicht meine Erkenntnisse). Wenn man nun in der Linken (politisch) großgeworden ist und in der Gewerkschaftsjugend immer Solidaritaet gepredigt hat, so ist die logische Konsequenz - sofern man intellektuell redlich ist - dass man sich mit diesem ausgebeuteten Teil der Menschheit solidarisiert, oder anders ausgedrückt (christlich): wer ist Dein Naechster? Nur einer aus meiner Familie oder Freundeskreis, oder aus der Gegend? Nur ein Deutscher?

Wenn man diese Überlegungen vor Augen hat und den kurz geschilderten Werdegang vor Augen hat, dann ist die eingangs erwaehnte Entscheidung, nach Nicaragua kaempfen zu gehen, nachtraeglich die Konsequenz daraus, wobei das konkrete Land sich aus mehr oder weniger Zufaellen ergab.

Ich kam Ende 1977 von einer Lateinamerikareise zurück und habe erfahren, daß im Oktober in Nicaragua gerade eine Reihe von bewaffneten Aktionen durchgeführt worden waren. Also begann ich sofort, mich genauer zu erkundigen: ich las alle Bücher, die es darüber in der Bibliothek des Romanischen Seminars gab, las alle entsprechenden Zeitungsartikel und versuchte Kontakte zu knüpfen. Über eine Zeitung, die damals im Inernationalismusbereich führend war ("Arbeiterkampf") bekam ich schließlich auch den Hinweis, daß sich ein Solidaritaetskomltee mit Nicaragua gebildet haette. Ich wandte mich sofort an sie und erhielt über sie auch einige andere Adressen. Im Laufe dieser Informationsphase wurde mir sehr schnell klar, dass diese Befreiungsbewegung, um die es in Nicaragua ging, von einer neuen Qualitaet war, die über die bis dahin bekannten hinausging. In Nicaragua waren nicht nur ganz offensichtlich die objektiven Bedingungen für eine gesellschaftliche Umwaelzung gegeben, sondern es gab auch schon in hohem Maße eine Unterstützung für die Befreiungsfront. In Nicaragua gab es auch selbst für bürgerliche Politiker keine andere Alternative mehr als den Sturz der Somoza-Diktatur, die noch offensichtlicher als andere Greuelregime die Menschenrechte mit Füßen trat und jeden Ausweg für eine friedliche Entwlcklung versperrte. Schon Ende 77 reifte in mir deshalb der Entschluß, daß man nicht immer nur mit Worten Solidaritaet üben kann, wenn man weiß, daß gleichzeitig die Leute massakriert werden - so ein Zustand macht mich ganz krank ! - sondern daß es nötig ist, auch mal all seine anderen Faehigkeiten über die des Schreibtisches und des Versammlungsraumes hinaus einzusetzen. Rückwirkend muß aber gesagt werden, daß ich zwar nicht meine Fähigkeiten, sehr wohl aber meine Wirkungsmöglichkeiten sehr überschaetzt habe, trotzdem war diese Entscheidung die logische Konsequenz aus meiner persönlichen Entwicklung. Am liebsten waere ich sofort wieder losgefahren.

Damals war ich aber gerade mit meiner Diplomarbeit beschaeftigt und außerdem hatte ich schon drei lange Jahre in mein Studium investiert. Deshalb entschloß ich mich, zuerst mein Studium zu beenden und den Persilschein am Ende in Empfang zu nehmen, da ein Abbruch sowohl von der Arbeitsökonomie als von meiner beruflichen Zukunft her unsinnig gewesen waere.

Gleichzeitig bemühte ich mich, die Zeit sinnvoll auszunutzen, indem ich meine Informationen über den revolutionaeren Prozeß in Nicaragua vervollstaendigte und aktualisierte sowie auch meine militaerischen Kenntnisse erweiterte. Letzteres war allerdings kam noch nötig, ich hatte schon vorher - nicht nur bei der Bundeswehr, dort sogar am allerwenigsten - alles erreichbare über Guerrilla und Kriegführung insgesamt verschlungen. Auch die praktische Vorbereitung war dank der Bundeswehr und meinem staendigen körperlichen Training nicht schlecht.

Also brachte ich mein letztes Studienjahr auch noch über die Bühne. Im November 78 war ich dann fertig. Gleichzeitig war ich jedoch auch in anderen Sachen engagiert, unter anderem in der Unterstützung eines Bewaesserungs-Projektes in Peru. Deshalb nahm ich vor meiner Abreise noch am Weihnachtsverkauf von peruanischen Handwerksartikeln zugunsten des Projektes sowie an der "traditionellen" Lateinamerikawoche in der letzten Januarwoche 79 teil, in der ein Abend übrigens auch Nicaragua gewidmet war. Gleichzeitg nutzte ich die freie Zeit, um noch engere Kontakte zu Nicaraguanern in der BRD zu knüpfen, die Beziehungen zu der FSLN hatten, sowie auch, um mir eine Absicherung zu verschaffen, falls mein Versuch, in die Befreiungsfront aufgenommen zu werden, scheitern sollte - dies war ja gar nicht so unwahrscheinlich, da es sich um eine absolut konspirative Organisation handelte. Als vorsichtiger Mensch, der ich nun mal bin, habe ich auch das bedacht. Der Absicherung diente dabei weniger die direkte Arbeitssuche über Arbeitsamt, Firmen usw. Das war mehr zur Beruhigung für die Verwandten, als Möglichkeit, Geld zu kassieren und Erfahrungen zu sammeln, gedacht. Ernster dagegen war die Bewerbung beim Deutschen Entwicklungsdienst, wobei ich allerdings nicht in irgendein Projekt wollte, sondern in das von uns unterstützte in Peru, da dort ein unmitteltbarer Bezug bestand und ich es aus verschiedensten Gründen positiv fand. Deshalb lehnte ich auch bei meiner Annahme beim DED andere Stellen ab und einigte mich mit dem zustaendigen Referenten, dass wir uns moeglicherweise in Lima treffen koennten, um uns das Projekt anzuschauen und eine Entschedung zu treffen. Mir passte das zwar nicht ganz, da ich aus den oben schon ausgefuehrten Gruenden „Entwicklungshilfe" in dieser Form nur als Herumdoktern an Symptomen halte, bei der ehrliche Anstrengungen normalerweise sinnlos verschwendet werden, solange keine grundlegenden Aenderungen der gesellschaftlichen Strukturen vorgenommen werden, aber was solls, es war auf jeden Fall als Notloesung weitaus sinnvoller als sich In Deutschland in irgendein Konzernbuero zu hocken.

Reise in Mittelamerika

Endlich aber war es soweit! Nach den entsprechenden Abschiedsfeiern (dle meinen Abschied fuer immer hätten bedeuten können) flog ich von Brüssel aus nach Mexiko. Dies war nicht nur die blllligste Möglichkeit, sondem auch die attraktivste, da ich dadurch schon langsam auf die Verhaeltnlsse eingestimmt wurde und außerdem einige Sachen kennenlernen konnte, die ich schon immer einmal sehen wollte. Ich kam um nachts ein Uhr endlich aus dem Flughafen heraus. Jetzt wohin? In ein teures Hotel wollte ich nicht und mit Taxi fahren schon gar nicht. Im gleichen Flug hatte ich einen Franzosen kennengelernt, der eine Adresse wusste, wo man billlig übenachten konnte. Als wir dann nach einer Stunde hinkamen, war alles zu, ganz fest verschlossen. Auf unsere Fragen antworteten die wenigen Passanten nur mit einem typischen "quién sabe?", eine Antwort, die ich noch oft hoeren sollte. Uns blieb also nichts anderes übrig, als in einem nahe gelegenen kleinen Park zu schlafen. Die naechste Woche allerdings wohnten wir beide dann in dem Haus, das so eine Art Jugendherberge war. Der Franzose, um endlich seinen windigen Vater kennenzulernen, der seine Mutter hatte sitzen lassen und nach Mexiko abgehauen war, und ich wollte die Stadt kennenlernen und eine Bekannte treffen. Ich muss sagen, trotz der vielen negativen Aussagen über die Stadt, die ich vorher gehoert hatte, war ich einigermassen positiv ueberrascht von der Metropole (soweit mir eine Gross-Stadt ueberhaupt gefaellt). Zu erwähnen sind besonders die Pyramiden von Teotihuacán und das ethnologische Museum.

Nach einer Woche fuhr ich dann langsam Richtung Sueden: Puebla, Oaxaca, Tehuantepec, San Cristóbal de las Casas (hat mir sehr gut gefallen) und schliesslich zur Grenze mit Guatemala, wo ich eine Nacht verbringen musste, da ich mit lokalen Bussen unterwegs war; das einzige „Hotel" am Platze war zwar unter aller Kanone, aber ich hatte die Gelegenheit, lange mit den Strassenarbeitern und den Grenzpolizisten zu reden: dabei merkte ich erstaunt, dass schon damals die Mexikaner einen Bewachungsaufwand trieben, der nicht allein der Unterbindung von Schmuggel zu verdanken sein konnte, sondern andere Gruende haben musste – naemlich eine Guerrilla auf der anderen Seite der Grenze.

Ich merkte dann davon in Guatemala absolut nichts, obwohl ich in Gebieten war, wo EGP bzw. ORPA heute stark sind, naemlich in Huehuetenango, Sololá, Lago Atitlán und Quiché, aber dafuer regten mich umso mehr die zahlreichen Freaks auf, die es ueberall gab, vor allem am Atitlán-See. Der Abschuss war ja, dass es dort sogar Fruechte-Joghurt zu kaufen gab! Normalerweise gibt es in Lateinamerika nicht einmal normalen Joghurt.

In der Hauptstadt merkte man schon eher etwas von einem Belagerungszustand. Voellig heimisch dagegen fuehlte ich mich wieder in San Salvador: das war Lateinamerika, wie ich es von frueher, von Argentinien, Paraguay usw. her kannte! An jeder Ecke misstrauische, muerrische Bullen und Soldaten mit Stahlhelmen, Schusswesten, automatischen Waffen (ich feierte da ein Wiedersehen mit meinem geliebten G 3 aus Heckler&Kochscher Produktion) und gepanzerten Fahrzeugen. Aber ich hatte auch ein schoenes Erlebnis: ich wusste nicht, dass man fuer Nicaragua ein Visum braucht. So musste ich denn, anstatt am nächsten Tag die Fahrt fortzusetzen, nochmal einen Tag in San Salvador verbringen. Und das zusammen mit einem Leidensgenossen, einem

Italo-Spanier mit amerikanischem Pass und verwegenem Aussehen. Mit ihm fuhr ich deshalb ein wenig in der Gegend herum und wir kamen an den Ilopango-See; er ist nicht nur landschaftlich schoen, sondern bietet auch kulinarisch einiges. Das schoenste aber war die Bekanntschaft mit einem Mann, der ein richtiger Lebenskuenstler war: er sass am Strand, spielte mit seinen Kindern und half ein wenig seiner Frau, waehrend er uns seine Lebenseinstellung erklaerte: er wuerde nicht dauern arbeiten, dafuer sei das Leben zu schade. Wenn er wieder mal Geld brauche, suche er sich einen Job - wichtig seien nicht die materiellen Dinge wie schoene Wohnung, Besitz, sondern das Gefuehl, geliebt zu werden und gluecklich zu sein. Welch ein Mann!

Am naechsten Tag nervten mich zuerst die endlosen Halte auf der relativ kurzen Tagesetappe von San Salvador nach Managua, aber es gab schliesslich zwei Grenzen (= vier umstaendliche Grenzabfertigungen) und eine Bus-Verbindung (nach Tegucigalpa) zu bewaeltigen. An der nicaraguanischen Grenze war ich noch weniger cool, schliesslich wusste ich ja nicht, wie gut der Geheimdienst von Somoza war und wie streng die Zollkontrolle gehandhabt wurde: ich hatte immerhin einige verraeterische Dinge wie militaerische Kleidungsstuecke etc. dabei. Aber die Zoellner waren nur auf harte Gegenstaende aus, so dass die ganze Prozedur zwar umstaendlich und lang war, aber ueberhaupt nicht gefaehrlich.

In Nicaragua fuhren wir dann durch die Baumwollfelder von Chinandega und León, wo zu der Zeit (Ende Februar) die Ernte voll im Gang war. Als Wirtschaftler dachte ich natuerlich sofort an den volkswirtschaftlichen Unfug, die Baumwolle roh zu exportieren. Nicaragua machte zunaechst nicht den Eindruck, dass es sich im

Buergerkrieg befinde, von einigen wenigen Anzeichen abgesehen. Erst beim Gespraech mit den Leuten auf der Strasse oder im Verschlag, der sich „Pensión" nannte, und vor allem mit einem Jungen, der uns das Essen servierte, spuerte man die Spannung, die ueberall herrschte – spaetestens ab dem Dunkelwerden hoerte man sie auch: einzelne Schuesse, Knallereien, nicht vergleichbar mit Gefechtslaerm, eher schon mit Karneval.

Wie wenn nichts waere, gesellte sich ein Spitzel hinzu, der merkwuerdigerweise auch gleich erzaehlte, dass er in Vietnam gekaempft habe (ob es stimmt, weiss ich nicht, da sich die Nicas gleich zurueckzogen).

Am naechsten Morgen fuhren wir weiter nach San José, da ich dort Kontakte hatte mit Sandinisten. Da es jedoch eine relativ kurze Strecke war, fuhr der Bus erst spät los und Franco (der Italo-Spanier) und ich machten eine kleine Tour in der Umgebung der Tica-Bus-Haltestelle. Zuerst fiel mir auf, dass da ueberhaupt keine Stadt war! Kleine Häuser, viele freie Brachflaechen mit Unkraut – das war alles. Zum Schluss kamen wir noch an eine freie Flaeche, die in besseren Zeiten einmal ein Platz gewesen war, am Kopf befand sich ein pyramidenartiges Gebäude, das Hotel Intercontinental. Genauer inspizierten wir das ganze aber nicht, denn auf der anderen Seite befand sich eine Menge Soldaten und ausserdem mussten wir zurueck zur Bushaltestelle.

Kurz nach dem verlassen von Managua eine Strassensperre: ein Nationalgardist mit einem riesigen Schiesspruegel (wie ich spaeter erfahr, ein Browning BAR) kam herein und beäugte alles misstrauisch; beim hinausgehen schimpfte er noch den Fahrer zusammen, weil er nicht sofort gehalten hatte – das naechste mal würde er einen „zwischen die Hoerner" kriegen. Der Fahrer schluckte und beteuerte nur, normalerweise wuerden die Tica-Busse nicht angehalten. Voellig im Gegensatz dazu spielte sich eine friedliche Szene am Strassenrand ab: mehrere Guardias umstanden einen kleinen Verkaufswagen einer dicken Frau und liessen sich Wassermelonen schmecken – waren das dieselben Leute, die tagtaeglich und vor allem nachts Leute folterten, verschleppten und wie räudige Hunde töteten?

Auf der Fahrt in den Süden merkte man schon mehr, dass sich das Land im Krieg befand. Alle paar Kilometer Strassensperren, die zwar die Autos durchsuchten, uns aber in Ruhe liessen. Einmal musste der Bus sogar von der Strasse ab und durch eine Behelfsfurt fahren, da die Brücke über einen kleinen Fluss gesprengt war. Wir fuhren durch eine liebliche Landschaft, wo teilweise künstlich bewaessert wurde und die deshalb nie ihr Grün verlor. Schliesslich passierten wir ein, wie es mir schien, Ferienzentrum für Offiziere, da es Freizeitcharakter hatte, aber umzaeunt und von Soldaten in Wachtürmen bewacht war. Hinterher erfuhr ich, dass es in der Tat einmal als Ferienzentrum geplant war (aber zivil!), jetzt aber der Guardia als Hauptquartier für die Südfront diente - es war das berühmt-berüchtigte CIBALSA, wo der noch berühmt-berüchtigtere "Comandante Bravo" Pablo Antonio Salazar sein Unwesen trieb.

Bald kamen wir an einem anderen kleinen Ort voller Soldaten vorbei (Sapoá) und erreichten die Grenze in Peñas Blancas, wo es von Guardias (und von bestimmt vielen nichtuniformierten Sicherheitsleuten) nur so wimmelte. Hier sah man auch deutlich Kampf-spuren; so war zum Beispiel in einem Vordach der Zollabferti-gungshalle ein zwanzig Zentimeter grosses Loch als Folge eines Mörsertreffers. Ich fotografierte es, indem ich zur Tarnung Leute aus meiner Reisegruppe aufnahm, denn ich wusste nicht, ob es den überall herumstehenden Guardias angenehm war, die „Schandtaten der Kommunisten" aufzunehmen.

Mich überraschte vor allem die Jugend der Soldaten, die oft nicht aelter als sechzehn sein konnten. Hier merkte man eine eiserne Hand, zum einzigen Mal auf der ganzen Reise hatte ich den Ein-druck, dass die Leute richtig Posten standen, wie ich es von der Bundeswehr her gewohnt war; überall sah man auch Schützen-graeben, Sandsackbarrieren und Stacheldraht. Zufaellig sah ich sogar diese "Eiserne Hand": ein grosser, starker Offizier über-querte den Platz zwischen zwei Militaergebaeuden und herrschte, bevor er in das andere ging, den Posten so an, daß dieser fast zur Salzsaeule erstarrte. Wie ich spaeter erfuhr, war das der "Ca-pitán Diablo", Platzkommandant von Peñas Blancas und Schuldi-ger am Tod von zwei Guardias Civiles aus Costa Rica, die nach-weislich auf costarricensischen Gebiet erschossen wurden. Nach einer eher wieder umstaendlichen als scharfen Zollkontrolle ka-men wir an die Grenzstation Costa Ricas, wo eine völlig andere Welt herrschte. Es gab kaum Soldaten; wenn überhaupt, nur ein paar dicke Grenzpolizisten, die einen gemütlichen Eindruck machten. Aus unerfindlichen Gründen dauerte es hier noch lae-enger als auf der anderen Seite, so dass jeder noch etwas essen konnte. Hier war es zwar teuerer, aber auch viel gemütlicher. Man kaufte sich nicht etwas auf der Strasse von kleinen Kindern, die schreiend ihre Ware anpriesen und mich nervten, und ass das ganze dann im Stehen, sondern man ging in eine Verkaufskantine und setzte sich danach an einen der Tische, zwanglos. Da kam man dann mit Lastwagenfahrern ins Gespraech, die gerade von Nicaragua kamen und aufatmeten, "weil man hier ja wenigstens seines Lebens sicher ist", und einem anderen, dem schon vor der langen und scharfen Kontrolle graute ("hoffentlich lassen sie mich nicht wieder alles abladen"). Hier gab es die gleiche liebliche Landschaft, aber es lagen Welten zwischen hüben und drüben!

In San José verabschiedete ich mich von der übrigen Reisegesellschaft, die grossenteils nach Panama weiterfuhr - es ist erstaunlich, dass man in zwei Tagen so zusammenwachsen kann. Nur Franco blieb und suchte sich mit mir ein Zimmer. Nun konnte die Odyssee beginnen! Und eine solche wurde es.

Das ging von Kleinigkeiten los wie etwa einem Geschenk von einem costarricensischem Freund aus Nürnberg für seine Familie, das ich durch ganz Zentralamerika geschleppt hatte und das ich endlich loswerden wollte. Es gehörte fast schon kriminalistische Arbeit dazu, das Haus von ihnen zu finden. Als ich es endlich gefunden hatte, war die Familie gar nicht da, sondern nur die Hausangestellte. Aber zumindest den Bruder meines Freundes lernte ich so danach kennen.

Franco hatte Nicaragua tief beeindruckt und er überlegte sich, ob er sich nicht den Sandinisten anschliessen sollte. Dabei hatte ich ihm nicht ein Sterbenswörtchen erzaehlt. Ich habe es ihm auch mit Erfolg ausgeredet, was wollte schliesslich ein Freak wie er im Krieg? Empörung allein reicht nicht, er war nicht im geringsten auf so etwas vorbereitet, weder körperlich noch geistig. Nach ein paar Tagen ist er dann auch weitergefahren.

Warten in Costa Rica

Ich aber machte mich ab dem ersten Tag daran, meine Telefonnummer, die ich in Deutschland erhalten hatte, herauszuholen
und anzurufen - das war der grössere Teil der Odyssee. Ich erreichte zwar immer jemand, aber nie meine Kontaktperson Antonio (viel später erfuhr ich, dass er Antonio Jarquín hiess); zuerst
war er eine Woche weg. Ich machte deshalb einen auf Tourismus
und lernte zuerst San José kennen, dann die Umgebung
(Cartago, Heredia, Alajuela etc.) und schliesslich fuhr ich auch an
die Küsten nach Puntarenas und Puerto Limón. Dazwischen rief
ich immer wieder an: entweder er war gerade einen Tag weg, war
gerade nicht da, ich sollte um elf Uhr nachts anrufen, wo er dann
immer noch nicht da war usw.usf. Die entsprechenden Münzen
habe ich am Schluss gleich en gros in der Bank gewechselt. Was
konnte ich sonst noch tun?

Ich erinnerte mich, dass mir mein Freund aus Costa Rica gesagt
hatte, seine ehemalige Englischlehrerin ziehe auch immer mit Ni-
caraguensern herum. Kurzentschlossen ging ich zum Bruder meines Freundes und bat ihn, mich zu dieser Lehrerin zu führen. Dort
lernte ich tatsaechlich auch Nicas kennen, gleich in der Nachbarschaft wohnte sogar einer, der querschnittsgelähmt war, in Uniform im Rollstuhl sass und zu dem sie Comandante sagten. Naja,
immerhin etwas! Nach einer laengeren Unterredung, in der zwar
ich mich vorstellen musste, sie es aber nicht machten, sagten sie
zu mir, ich solle in ein paar Tagen wiederkommen. O.k., mir erschien dieser Weg aussichtsreicher als der andere und so konzentrierte ich mich auf diesen. Waehrend des ewigen Wartens
machte ich weiter auf Tourismus, hielt mich aber gleichzeitig fit,

indem ich taeglich in der "Sabana", einem grossen Park, mindestens fünf Kilometer lief und lange Spaziergaenge in die Umgebung von San José machte. Auf diese Weise lernte ich diese Gegend fast wie meine Westentasche kennen. Und vor allem aber kaufte ich jeden Abend die "Prensa" aus Nicaragua, um mich auf dem laufenden zu halten. Ich brauchte schon gar nicht mehr zu suchen, der alte Mann, der jeden Abend seine Runde machte, kannte mich schon und brachte sie mir in die Pension.

Doch liess sich das ganze mit meinem Comandante auch nicht so gut an: er vertröstete mich immer auf den naechsten Tag, sagte, ich könne bald mit einem kanadischen Film-Team, das in der Naehe seines Hauses in einem VW-Bus hauste, in den Norden fahren, diese versetzten mich aber ein um das andere Mal, dann war er wieder eine ganze Woche nicht da etc pp. So entschloss ich mich, wieder zweigleisig zu fahren und mir auch die Möglichkeit mit Antonio offen zu halten. An einem Sonntagvormittag konnte ich ihn endlich treffen, zuerst in seiner Wohnung, von dort fuhren wir aber an einen kleinen Platz etwas ausserhalb von der Hauptstadt zu einem Haus, in dem es nichts gab als Berge von Unrat und Propagandamaterial über Menschenrechte. Ich legte ihm meine Absicht dar, er schien aber gar nicht so begeistert zu sein. Schliesslich versprach er mir, sich darum zu kümmern, auch wenn er gerade keinen so direkten Draht zur FSLN haette, und gab mir schliesslich auch jeweils ein Exemplar des ganzen Materials von ihm, vielleicht auch in der Absicht, mir klarzumachen, wie gefaehrdet man in Nicaragua ist.

Also wieder warten... Zu allem Überfluss begann jetzt auch noch die "Operacion Jaque Mate II" der Guardia Civil von Costa Rica gegen die sandinistischen Lager auf dem Boden der "Ticos". Das war eine weitere gute Ausrede für meinen Comandante. Mir riss der Geduldsfaden und ich tauchte unvermittelt bei ihm auf und stellte ihn gleichsam zur Rede. Wir redeten sehr lange und teilweise kontrovers, das beste daran aber war, dass ich merkte, dass der Verein, den er führte, gar nicht die richtige FSLN war, sondern eine "Frente Democrático Sandinista de Liberacion Nacional" und dass er den Sandinisten Totalitarismus etc. vorwarf und er sehr stark das Christentum betonte. Damals gab es zwar immer noch die drei Tendenzen innerhalb der FSLN und das ganze war sehr unübersichtlich, aber zumindest wurde mir klar, dass dieser Verein hier nicht gerade das war, was ich gesucht hatte. Ich ging zwar sehr pragmatisch vor und war weder auf die GPP (Guerra Popular Prolongada) noch die TP (Tendencia Proletaria) noch die Terceristas (Tendencia Insurreccional) fixiert, aber die hier erschienen mir doch ziemlich ausserhalb dieses Spektrums zu sein. So verabschiedete ich mich sehr bald nach dieser Feststellung von meinem Comandante, wir verblieben zwar, dass er mich anrufen sollte, sobald sich etwas ergeben sollte, doch habe ich nie er mehr etwas von ihm gehört ausser von Dritten, die mir spaeter erklaerten, dass er schon sehr früh zur FSLN gehörte und bei einer bewaffneten Aktion so schwer verwundet wurde, dass er an den Rollstuhl gefesselt blieb, aber dass er ein Sektierer sei.

So stürzte ich mich also wieder mit frischen Kraeften auf Antonio und nervte ihn mit Anrufen, ob er schon etwas erreicht haette. Das war auch dringend nötig, denn immerhin war ich jetzt schon mehr als drei Wochen in Costa Rica und meine finanziellen Mittel waren nicht unerschöpflich. Da ich bei niemandem wohnen konnte, ging allein die Pension schon mit etwa vier oder fünf Dollar taeglich ins Geld, dazu kam das Essen, das zwar nur aus dem Frühstück und einer Mahlzeit bestand, aber mich trotzdem noch einmal um den gleichen Betrag erleichterte (zusammen mit kleineren Ausgaben wie Zeitungen, Telefon, Busfahrten etc.). Ich konnte sohliesslich auch nicht mein letztes Geld ausgeben; wenn ich es nicht geschafft haette, in die FSLN einzutreten, musste ich ja noch nach Lima, oder zumindest bloss nach Mexico zurück, von wo aus ich ein Rückreiseticket hatte. So schraenkte ich mich noch mehr ein und zog in die billigste Pension um, die ich finden konnte und lebte praktisch nur noch mehr von Brot, Orangensaft und etwas Wurst oder Kaese, um einen möglichst langen (finanziellen) Atem zu haben. Meine einzige grössere Ausgabe war ein Kinoeintritt in den Film der Sandinisten "Patria libre o morir", der gerade herauskam. Ich hatte mich schon auf eine noch laengere Wartezeit eingestellt, als mir Antonio eine Telefonnummer und einen Namen gab. Das gleiche Spielchen von vorne: entweder er war nicht da oder ich sollte um diese oder jene Zeit anrufen, da waere er bestimmt da. Der einzige Unterschied war, dass es diesmal nicht mehr Wochen dauerte, sondern nur noch Tage. An einem Abend schliesslich erreichte ich den Betreffenden und wir machten aus, uns am naechsten Tag vormittags vor der Pension zu treffen: er würde einen grünen Landrover fahren und haette einen grossen Strohhut auf. So war es auch. Wir fuhren ein wenig herum, er tankte und wir redeten über meine Absicht. Bevor wir uns nach etwa 20 Minuten verabschiedeten, sagte er, ich solle mich um zwei Uhr bereithalten, vielleicht würde es auch spaeter werden. So eine Angabe a la latina passte mir aber überhaupt nicht, so dass ich ihn bat, mir doch zu nennen, wo ich hinkommen solle. Nach einigem Zögern gab er mir die Adresse und war sehr erstaunt, als ich ihm sagte, ich wüsste schon, wo das liegt. ich kannte schliesslich San José schon aus dem F.F.!

Ich packte also meine wenigen Sache und ging dahin. Misstrauisch wurde mir die Tür geöffnet, das erste, was ich sah, war eine kleine Tafel, auf der mit Kreide stand: Oficial de dia: Goyo. Im Haus befanden sich einige Büroutensilien, eine kleine Küche und eine Matraze sowie ein paar Rucksaecke.

Man fragte nichts, sondern gab mir einen Zettel, den ich ausfüllen sollte, sowie einen Mann, der mir dabei helfen sollte. Dem bedeutete ich erst einmal, das ich das schon selber könne und machte mich über die Bögen her - ich kam mir vor wie bei der Einstellung zur Bundeswehr.

Danach diskutierte ich mit den Anwesenden noch etwas über den neuen Film und man stellte mir einen Compañero vor, mit dem ich mitgehen sollte. Noch immer tat man sehr geheimnisvoll und erzaehlte mir praktisch nichts, andererseits wollte ich aber auch nicht als neugierig gelten. Wir fuhren also mitsamt dem Gepaeck zuerst nach Hatillo III (einem Stadtteil von San José) zur Familie meines Begleiters, wo wir Mittag assen. Auf dem Wohnzimmerregal standen zwei Fotos mit Trauerflor, so wie ich es auch zum Andenken an Gefallene aus Deutschland kannte, bloss waren die Fotos noch nicht vergilbt: es waren zwei Geschwister meines Begleiters, die im Kampf gefallen waren bzw. ermordet wurden.

Danach sagte er mir, ich solle das Gepaeck am besten hier im Haus der Familie lassen, das waere sicherer als bei der Frente direkt und mich nochmal duschen, das waere bestimmt das letzte Mal für lange Zeit. Das tat ich dann auch und nahm in einem Plasikbeutel nur meine Wertsachen und ein wenig Waesche mit. San José, ade!

Zuerst ging es noch auf guten Strassen (die ich kannte) nach San Ramón und Ciudad Quesada, wo wir jeweils kurz in "casas de seguridad" (mehr oder weniger geheime Haeuser der FSLN) etwas erledigten, mit den Leuten sprachen, mit Kindern spielten und dann wieder weiterfuhren. Allmaehlich verschlechterten sich die Strassen und es wurde dunkel: die Scheinwerfer des Landrovers leuchteten nur einen kleinen Teil aus, so dass ich überhaupt keine Ahnung hatte, durch welche Landschaft wir fuhren; wir sassen zu dritt auf der vorderen Bank, da der ganze hintere Raum voll von Nachschubgütern war. Kurz vor Mitternacht schliesslich fuhren wir langsamer, um ein bestimmtes Weidegatter nicht zu verfehlen. Dort angekommen, fuhren wir noch einmal 100 Meter hinein und hielten dann vor einem Verhau, der sich als eine Art Postenhäuschen herausstellte.

Lagerleben

Das ganze Benehmen war alles andere als konspirativ: die Scheinwerfer blieben brennen, man sprach laut, begrüsste sich ausgiebig und herzlich und sprach auch ausgiebig über Funk, wobei allerdings einige Verschlüsselungen eingebaut waren, die allerdings sehr dilettantisch waren. Da es schon so spaet war, beschloss man, nicht mehr ins eigentliche Lager zu gehen, sondern beim Posten zu übernachten, mit einem "echten" Posten und einem Gast. Das Postenhäuschen bestand aus zwei kurzen Staemmen als Sitzgelegenheit, Tisch und Schutz gegen Beschuss sowie einer Plastikplane als Dach. Wir rückten halt zusammen, damit jeder Platz hatte und die anderen legten sich ungeniert auf den blanken Boden und machten es sich "gemütlich". Zur Vorsicht setzte ich mich erst einmal nur hin und versuchte, im Sitzen zu schlafen, damit ich nicht völlig verdreckt wurde. Wachen wurden eigentlich nicht aufgestellt, da sowieso keiner richtig schlafen konnte und ausserdem ein Köter vom nahen Bauernhof jede Bewegung meldete. Mit Tagesanbruch - dem ersten im Dschungel - nahm ich zum ersten Mal wahr, wohin ich verschlagen worden war: eine hügelige Landschaft, die zum Teil abgeholzt war, um als Viehweide zu dienen, der grösste Teil jedoch ringsherum war Urwald. Ganz nahe stand eine elende Hütte, zu der wir nach einer Katzenwaesche in einem nahegelegenen Bach gingen. Die Leute empfingen uns sehr freundlich und gaben uns Kaffee - ich lehnte dankend ab, nicht nur weil ich sowieso keinen Kaffee mag, sondern auch, weil ich die hygienischen Bedingungen als katastrophal betrachtete und das Zeug nach allem anderen als Kaffee aussah; nur das kleine Stückchen Brot ass ich, das es dazu gab.

Ich war froh, als wir wieder im Postenverhau waren, schliesslich ist es nicht meine Art, zwischen Hühnern, Schweinen und Hunden zu essen. Die anderen hat es aber mehr zur Bauernhütte gezogen, nicht nur wegen des Essens, sondern auch ein bisschen wegen der Tochter. Ich wollte ins Lager aufbrechen, frisch, fromm, fröhlich, frei, aber die anderen teilten mir mit, man müsse noch warten. O.k., leider sagten sie mir nicht, warum.

In der Zwischenzeit unterhielt ich mich mit dem Posten, der Rubén hiess und auf mich den gleichen guten Eindruck machte wie sein "Gast", der aehnlich wie ich gerade in die Frente eintrat. Er erzaehlte mir einiges von dem, was sie schon an Aktionen gemacht hatten, aber auch, was sie vorhatten, zumindest seiner Ansicht nach. Es war alles sehr leger: ich nahm mir seine Waffe, einen M 1 - Karabiner, und liess mir das Zerlegen und Zusammenbauen erklaeren, wir machten Wettbewerbe in Wechselsprüngen, Liegestützen usw., waehrend meine zwei ursprünglichen Begleiter müde vor sich hindösten. Zur Merenda (einer Art zweitem Frühstück) gingen wir wieder zum Bauern, um die Bohnen, Reis, Banane und ein wenig Fleisch in Empfang zu nehmen. Ich ass trotz des Hungers ziemlich lustlos (Gründe sind in der Zwischenzeit bekannt), von dem angebotenen Wasser nahm ich überhaupt nichts, da ich schon von weitem wahre Kaulquappen drin schwimmen sah.

Danach das gleiche bis zum Mittagessen (auch das gleiche). Kurz danach kamen einige Compañeros aus dem Lager, die offensichtlich in die Stadt wollten. Im Postenhaeuschen zogen sie ihre olivgrünen Klamotten aus und baten uns um unsere Zivilkleidung - so einfach ist das! Ich empfing eine Hose, musste dann aber ein T-Shirt abgeben (mein bestes). Wieder warten...

Auf einmal wurde es lebendig: "ahi vienen" (dort kommen sie), schrien alle durcheinander und liefen fort in eine bestimmte Richtung. Dort tauchten in der Tat etliche olivgrün gekleidete und bewaffnete Gestalten auf, die in Reihe marschierten. Ich erfuhr hernach, dass sie aus einem anderen Lager kamen (Base 21) und jetzt zu diesem abkommandiert wurden. Ich verabschiedete mich also von Ruben und den anderen und trat mit den neu gekommenen und einigen aus dem Lager, die einen Lastochsen bei sich hatten (Carlitos und Rafael) den Marsch ins Lager an. Wegen meiner Turnschuhe war ich allerdings mehr am Springen, um mich trotz des Schlammes nicht allzu schmutzig zu machen.

Bald merkte ich auch, dass man hier viel mehr schwitzte, schon nach einer halben Stunde war ich nass. Nach einer weiteren halben Stunde und der relativ waghalsigen Überquerung eines Flusses über einen glitschigen Baum machten wir Rast. Das gab mir Zeit, mir die neuen Leute anzuschauen: sie waren alle ziemlich gut ausgerüstet (hauptsaechlich mit automatischen Gewehren des belgischen Typs FAL) und sahen zum Teil sehr verwegen aus. Natürlich interessierte ich mich zuerst einmal für die Waffen und liess sie mir erklaeren; die einzige, die mir nicht gefiel, war ein uralter Schiessprügel namens Garand (Rifle M 1), der nicht nur ein sehr komisches Verschluss-System hatte, sondern auch so kompliziert zu zerlegen war, dass sie es nicht auf die schnelle machen wollten. Nach einer weiteren Stunde Marsch kamen wir zum Posten, der einen Zugang des Lagers bewachte. Nach einem kurzen Halt zogen wir ein: an die Bundeswehr erinnerte mich dabei freilich nichts, denn es gab ein endloses Haendeschütteln, Umarmen, Lachen usw., dass es eine wahre Wonne war. Nur ich kam mir sehr überflüssig vor - offensichtlich wusste niemand von meiner Ankunft. Ich machte mich also nach einer Zeit an denjenigen heran, der das Kommando führte und mit seinen etwa fünfzig Jahren in dieser Umgebung wie ein Opa wirkte und stellte mich vor,

vor allem aber fragte ich ihn, was ich denn nun tun sollte. Stereo-
type Antwort: warten...

Naja, ich schaute mich also um: an einem Bach von vier Meter
Breite hatte man in einer Senke den Urwald etwas gelichtet. Auf
dieser Lichtung befand sich nur eine kleine Hütte, allerdings die
einzige, die man auch als solche bezeichnen konnte. In der Umgebung der Lichtung dagegen standen verstreut eigenartige Ge-
bilde: zwischen vier Bäumchen im Rechteck hatte man horizontal
kleine Stämmchen gebunden, die so eine Art Bett bildeten, darüber befand sich eine schwarze Plastikplane von etwa 2x3 Metern. Das ganze nannte sich "Champa" und war jeweils Schlaf-,
Aufenthalts- und Lagerort für ein bis zwei Guerrilleros. Daneben
gab es noch gleich beim Eingang ins Lager zwei Zelte. Dies alles
miteinander (auf Anhieb konnte ich gar nicht alles überblicken),
war die "base veinte" (Lager zwanzig), und zu der gehoerte ich
nun auch, obwohl ich gestehen muss, dass das Zugehörigkeits-
gefühl nur sehr schwach entwickelt war. Von Ruben hatte ich mir
auf der in San José gekauften Karte ungefaehr zeigen lassen, wo
wir waren. Ich wusste deshalb, dass der Posten schon in der
Naehe der Grenze zu Nicaragua lag, das Lager noch sehr viel
mehr, da wir in Richtung Norden marschiert waren. Ich hatte deshalb ein lebhaftes Interesse, einen Schiessprügel zu bekommen,
auch wenn es nur ein Garand gewesen waere, denn mit meiner
Plastiktasche fühlte ich mich ziemlich schutzlos.

Ausrüstung

In Sachen Ausrüstung war ich ziemlich naiv an die Sache herangegangen, wie auch sonst meistens. Ich hatte gedacht, die Frente würde mir schon eine mehr oder weniger geeignete stellen, wie man es halt auch vom Bund gewohnt ist. Das war aber am Anfang überhaupt nicht der Fall! Ich war vor allem auf den Army-Rucksack, die kleine Hängematte und den Army-Regenponcho vom Bill neidisch, der bei den heftigen Regenfällen gut schützte. Heute würde ich folgendes dabei haben:

- Grosser wasserfester Rucksack mit vielen Aussen- und Innentaschen
- Kappe oder Hut (mit Halsband, damit man sie bei Wind, heftigen Bewegungen oder im Dickicht nicht verliert)
- 2 Unterhemden aus Baumwolle
- 2 bequeme Unterhosen und / oder Turnhose / Badehose
- 2 Paar gute Socken
- 2 Hemden, davon eins oliv oder Tarn, eins zivil
- 2 feste Hosen, davon eine oliv oder Tarn, eine zivil
- 1 fester Gürtel
- 1 „Geldkatze" und / oder Brusttasche
- Gute Stiefel, am besten „Jungle Boots": leichter Fussteil, feste und grobe Sohle, Oberteil aus festem Stoff (military canvas); im Notfall feste Schnür-Schuhe aus Leder oder Gummi / Plastik
- Badeschuhe, für die Zeit ohne Stiefel und zum Baden in Bächen
- Regenponcho, dient auch als „Dach" für die Hängematte
- Leichte Hängematte (heutzutage gibt es im Norden Brasiliens schon welche aus Kunstseide, die keine 100 g wiegen und zusammengefaltet nur 25 x 10 cm gross sind
- Dazu Schnüre: 2 x 2 m dickere (5 mm) für die Hängematte, 6 x 2 m dünnere (3 mm) zum abspannen des Ponchos nachts, 1 x 5 m als „First" für den Poncho
- 1 kleine robuste Taschenlampe mit Reservebatterien
- 1 Kompass (heutzutage auch GPS)
- 1 robuste Armbanduhr (der Bill hatte sogar ein Armband zur Tarnung der Uhr)
- 1 Camping- oder BW-Besteck
- 1 Feldflasche (heute tut es auch eine Plastik-Wasserflasche)
- 1 Teller (Plastik oder Alu)
- 1 Becher (Plastik oder Alu)
- 1 kleiner Topf (alu) oder Camping- oder BW-Kochgeschirr
- 1 Schweizer-Messer (mit Säge)
- 1 Feuerzeug (besser als Zündhölzer in Plastikbeutel)
- 1 Allzweckseife (in Plastikdose oder -beutel)
- 1 Machete, klein aber breit (25 – 30 cm lang, 10 cm breit), Typ schlagen von Zuckerrohr; für Holz, Dickicht, zum austreten (Loch) und sogar zum verbuddeln von Sachen, Abfall und Toten.

Also wandte ich mich wieder an den aelteren Herrn, der, wie ich in der Zwischenzeit herausgefunden hatte, "Domingo" hiess und Lagerkommandant war, um eine Matte und anderes wichtiges Zeug zu erhalten. Ergebnis: warten, morgen, ich solle mich aber schon einmal um die Plastikplane kümmern, die gaebe es in der kleinen Hütte und sonst solle ich mich an die neu angekommenen Leute halten. Also überquerte ich den Bach und schlenderte zur Hütte. Nach einigem hin und her gab mir eine Compañera, die anscheinend die Verwalterin des Durcheinanders war, eine Plane und befriedigt über mein erstes Erfolgserlebnis trollte ich mich wieder von dannen, um auf dem uns zugewiesenen Platz eine Stelle zu suchen, wo ich mein Haupt hinlegen konnte waehrend der schon bald anbrechenden Nacht.

Doch vorher gab es noch Antreten, um die neuen offiziell zu be-grüssen - ich glaubte, ich brech ab, wie die sich mitten im Urwald und Schlamm mehr oder weniger formierten, so richtig schön mit Stillgestanden, Richt Euch und Rühren usw. Für mich war es bei der Bundeswehr schon absoluter Schwachsinn, aber dies mitten im Busch und in der Praerie tun zu müssen, dass es das auch hier geben würde...Zumindest der Film hatte mich darauf ja schon ein bisschen vorbereitet, und so machte ich gute Miene zum bösen Spiel und gesellte mich auch irgendwie dazu. Ich kannte zwar nicht die Kommandos und auch nicht die genauen Bewegungen, aber der Kommiss ist überall auf der Welt genauso bescheuert, so dass mir das ganze nicht allzu schwer fiel.

Danach konnte ich zum ersten Mal im Lager speisen. Das ganze hatte mehr Camping-Charakter; die Hygiene wurde zwar auch nicht gross geschrieben, aber zumindest war sie nicht campesino-maessig und sie hing ausserdem zum grossen Teil von mir ab: da ich kein Geschirr hatte, musste ich mir eine leere Haferflocken-Büchse suchen und irgendein Instrument zum essen; nach laengerem Suchen fand ich einen bambusaehnlichen Stengel, den ich laengs teilte und dann als Löffel benützte. Es gab, wie sonst auch immer, Reis, Bohnen, eine halbe gekochte Banane, eine halbe Büchse Sardinen und "fresco", ein Getraenk aus Haferflocken, Milchpulver und manchmal Pinol (Pulver aus Mais, Reis, Kakao, Zucker, Zimt usw. als Grundlage für Getraenke). Danach hatte ich noch etwas Zeit, die Leute kennenzulernen. Man stellte mir vor allem die Exoten vor (also solche wie mich): Mano(lo) und Bill. Mano war Spanier, wuchs aber im Ruhrgebiet auf und sprach sehr gut deutsch, er war auch mit anderen Deutschen nach Panama gekommen, um sich der Spadaforatruppe anzuschliessen. Von Rubén hatte ich schon etwas über Bill gehört: er sei ein "gringo" und habe eine gute und reichhaltige Ausrüstung bei sich. Als sie mich zu Bill brachten, war er gerade am Schuhe reparieren. Ich hatte solche Schuhe noch nie gesehen (sie erinnerten in etwa an Bergstiefel), deshalb fragte ich ihn, wo er denn die herhabe. "Aus Rhodesien". wie er denn dazu komme? "Ich war zwei Jahre im SAS von Rhodesien". Da bin ich erst einmal ein paar Schritte zurückgewichen. Der SAS war schliesslich zusammen mit den Selous-Scouts die schlimmste Negermassakriertruppe von Ian Smith! Ausserdem war er noch 6 Jahre in Vietnam bei der 101.Luftlandedivision als Pionier und ein halbes Jahr im Bürgerkrieg in Angola auf seiten der FNLA - ein typischer Söldner also. Und was wollte er hier? Er sagte, er wolle einmal auf der richtigen Seite kaempfen, bisher sei er immer auf der falschen gewesen, vor allem auch immer auf der der Verlierer, auch in Rhodesien würde es nicht anders werden (das sagte er im Maerz 79 !). Da er auch nichts anderes gelernt haette, wolle er auf diese Weise was tun. Und wie er es geschafft habe, hierher zu kommen (wo es nicht einmal für mich leicht war)? Er habe sich nach Liberia (Stadt im

Norden von Costa Rica) begeben, dort mit Journalisten Kontakt gesucht. Eine Journalistin schliesslich haette ihn mit der Frente in Verbindung gebracht, die ihn wunderbarerweise auch nach schon einer Woche "Quarantäne" in einer casa de seguridad akzeptierten, und das, obwohl der Zoll Costa Ricas ihm eine Pistole abgenommen hatte und er trotzdem noch eine weitere Pistole, Uniformen, ein Zielfernrohr für das FAL und andere militärische Ausrüstungsgegenstaende bei sich hatte! Eine höchst undurchsichtige Sache. Vorerst mied ich ihn, um nicht auch in den Geruch eines CIA-Agenten zu kommen, aber da ich einer der wenigen war, die englisch sprachen, suchte er immer den Kontakt mit mir - so konnten wir auch immer gemeinsam über das Chaos, die Inkompetenz, Ineffektivität usw. schimpfen und so Dampf ablassen. Auf jeden Fall aber war ich entschlossen, moglichst viel von ihm zu lernen, da ich zwar eine relativ gute Ausbildung "genossen" und mir vor allem selber viel angeeignet hatte, aber mir fehlte immer noch eins: Kampferfahrung, und das hatten so wohl Bill als auch die meisten im Lager. Ich stellte aber sehr schnell fest, dass mir die Nicas kaum was vormachen konnten, sehr wohl aber Bill, da er erstens eine relativ aehnliche Persönlichkeitstruktur hatte (soweit man das bei einem Ami sagen kann) und zweitens halt über jahrelange Kriegserfahrung in Elitetruppen als einfacher Soldat, Feldwebel und Offizier hatte. Ausserdem hatte schon ein Ausbilder in der Springerschule gesagt, dass sich Fallschirmjaeger auf der ganzen Welt sehr schnell verbrüdern.

Aber bis dahin hatte ich ja nur meine Plasikplane und ein Plaetzchen, das leicht abschüssig war. Da es regnete, machte ich daraus eine Art Schlafsack. Der Vorteil war natürlich, dass ich nicht von unten nass wurde wie die anderen, aber nach kurzer Zeit aus dem ganzen herausrutschte, da die Plane so glatt war. Am naechsten Morgen wurde um halb sechs geweckt wie üblich, aber für mich ein bisschen früh. Ich warf mich in Schale; ich hatte zwar nicht einen kompletten Spind dabei wie Billie McNall, aber zumindest eine Bundeswehrhose, ein portugiesisches Tarnhemd und ein schneidiges Barett. Wegen des Regens warf ich mir auch gleich noch die Plastik-Plane über. Nur meine Füsse steckten immer noch in Turnschuhen.

Um sechs war wieder Antreten (ich brech ab...), danach Frühsport, eine Stunde lang: zuerst einmal wie ein bescheuerter im Kreis laufen (15 Minuten etwa), danach typischer Kommiss-Sport wie Liegestützen, Balkenheben usw. Das erstaunliche daran war nur, dass es noch intensiver und laenger gemacht wurde als in der Bundeswehr. Wenn die gewusst haetten, dass alles das, was die da machten, direkt von den Amis abgeschaut war... Sicherlich hatten sie es von der Guardia übernommen, die ja nichts anderes war als ein US-Marine-Verschnitt und sicherlich glaubten sie, dass man eine echte Truppe nur dann formen konnte, wenn man die gleichen Methoden anwendet wie die "echten" Soldaten; deshalb auch das ganze militaerische Zinnober wie Antreten, wie Frühsport nach Guardia-Art usw. Was mir aber am meisten stank, war die Tatsache, dass man das alles vor dem Frühstück machen musste! Nicht einmal in der Bundeswehr war dies möglich, auch da hatte sich schon die Erkenntnis durchgesetzt, dass dies gesundheitsschaedlich ist. Nicht so hier. Ich sprach zwar sowohl die unmittelbar Befehlenden an als auch Domingo und spaeter noch zwei, die über ihm standen, Ernesto und Rosendo (die zwei waren von der politisch-militaerischen Kommission der Südfront), aber es war nichts zu machen. Die zwei Stunden, die darauf folgten, waren gedacht für die Körperpflege, vor allem waren sie ein Warten mit knurrenden Magen, denn erst um neun (oder spaeter) gab es Frühstück. Das Menu ist bekannt, am morgen gab es aber manchmal sogar Kaffee (zumindest am Sonntag). Um zehn war wieder Antreten, danach ging es ab zur "táctica", einer Art Gefechtsausbildung, die ein Dicker mit Namen Antolin leitete. Zuerst einmal ging es im Gaensemarsch zu einem speziellen Ort etwa fünf Minuten ausserhalb des Lagers. Die Organisation, der Marsch, das Eintreffen und schliesslich wieder Formieren dauerte aber schon eine halbe Stunde. Die Instruktion war so mangelhaft und dilettantisch, dass ich mich unwillkürlich einmischen musste, was zuerst erstaunt zur Kenntnis genommen wurde, bald aber wegen der unzweifelhaften Sachkenntnis akzeptiert wurde. Gleichzeitig aber auch bremste man nach dem Motto: nur nicht zu viel und zu fanatisch. Nach dieser erhebenden Übung (immer noch ohne Waffe!) von nur anderthalb Stunden gings wieder zurück zum Lager. Um eins gab es das Mittagessen (Menu bekannt), danach Ruhen (= warten, nichts tun etc.), so schön nach der alten Barrasweisheit: die Haelfte seines Lebens, wartet der Soldat (oder Guerrillero) vergebens. Um vier schliesslich gabs "Charla politica" (politischen Unterricht), zu dem die meisten nur sehr schwer zu kriegen waren und den sie als langweilig ansahen (was er meistens auch war) - oft mussten deshalb sogar Strafen ausgesprochen werden, um die Leute dazu zu zwingen, wenigstens ein bisschen politisches Bewusstsein zu erwerben - dringend nötig hatten es die meisten. Apropos Strafen: das war ein anderes Kapitel, was mir wenig gefiel. Es wurde mit wenig paedagogischen Mitteln gearbeitet, sondern nach schöner alter Kommissmanier immer gleich Strafen angedroht, die sprichwörtlichen "sanciones", und zwar so haeufig, dass es sogar im Umgang miteinander zu einem geflügelten Wort wurde und man seine Spaesse damit trieb. Überhaupt waren die Spaesse so ziemlich das einzige, wodurch die trostlose Lage einigermassen zu ertragen war - viele verbrachten ihre ganze freie Zeit nur mit Witzeerzaehlen und Unsinn. Ich muss neidlos anerkennen, dass mir da die Nicas haushoch überlegen waren.

Bloss: mit Witzen kann man keinen Krieg gewinnen, sondern nur mit Waffen und nicht einmal eine solche hatte ich. Ich ging also noch einmal zu Domingo. Damit ich ihn nicht weiter nervte, schickte er mich zum "responsable" (Verantwortlicher) für die Waffen, der bei der grössten champa zu finden war, die als so eine Art Waffenkammer diente. Natürlich war der gute Mann nicht da...Interessiert schaute ich mir an, was da so alles geboten wurde: ich hatte noch nie in meinem Leben eine solche Vielfalt an Waffen gesehen, die meisten davon kannte ich gar nicht und nur so peu a peu erfuhr ich, was da so alles herumlag. Von Waffen, die ich in der Zwischenzeit schon bei den anderen gesehen hatte, über bekannte von früher (MG 42 aus dem 2.Weltkrieg, MG Browning Cal.30 etc.) bis hin zu völlig exotischen: eine französisohe

---

In Nicaragua sagt man zu so einem Verhalten: poné un indio a repartir chicha y ya se cree dueño de la fiesta - stell einen Indio hin zum verteilen von chicha (Maisgetränk) und schon hält er sich für den Herrn des Festes.

Panzerfaust aus Plastik mit elektrischem Abzugssystem, eine chinesische (RPG 2), die wegen ihrer Form "baston chino" (= chin.Spazierstock) genannt wurde, eine argentinische Maschinenpistole usw. Auch der Bursche, der mich bei meinen Betraohtungen brüsk unterbrach, hatte eine exotische Waffe, wie sich herausstellte, naemlich ein in Amerika gebautes CETME-Gewehr, allerdings in Sportausführung ohne Schnellfeuer (spanische „Schwester" vom G3). Er war der "Waffenkaemmerer", der wie alle Hausmeister, Verwalter und Waffenkaemmerer sehr grosse Angst um seine Sachen hatte und mich davonscheuchen wollte.

Nachdem ich ihm aber bedeutet hatte, dass ich keine der Waffen fressen wolle, dass er mir aber auf Befehl von Domingo ein Schiesseisen geben solle, begann er griesgraemig herumzukramen und fragte mich, was ich denn wolle. Ich deutete auf die MP, angeblich aber war das die Waffe von demjenigen, der mich im Jeep von San José hier hochgebracht hatte (er hörte auf den martialischen Kriegsnamen Comanche), weshalb ich dann mit einem FAL vorlieb nahm: zuerst wollte er mir das aelteste Ding andrehen, das er auf Lager hatte, nach langem hin und her gab er mir schliesslich ein anderes. Er war sowieso nicht so offen und hilfsbereit wie die anderen; als ich ihn dann bat, mir sein CETME-Gewehr zu geben, um es mit dem G 3 zu vergleichen, meinte er, man dürfe seine Waffe nicht aus der Hand geben, was natürlich im Prinzip richtig ist, aber in dieser Situation Schwachsinn war, da wir uns im Lager befanden und die anderen mir alle bereitwillig ihre für mich neuen Waffen gezeigt hatten. Immerhin hatte ich jetzt ein Gewehr und drei volle Magazine und war schon fast komplett ausgerüstet, denn in der Zwischenzeit hatte ich auch Stiefel organisieren koennen (wenn auch unterschiedlicher Grösse) und einen Militaergürtel, sodass mir nur mehr ein Rucksack, ein Koppeltragegestell und Magazintaschen fehlten. Da das FAL keinen Trageriemen hatte, behalf ich mich mit einer Schnur.

Schon am naechsten Morgen bei der Gefechtsausbildung stellte ich allerdings fest, dass mein FAL nicht ohne Makel war (deshalb hatte mir das Schlitzohr von Waffenkaemmerer auch wohl dieses gegeben): es rutschte dauernd das Magazin heraus. Als ich das meinem Gruppenführer sagte, meinte der zuerst, ich waer zu blöd, das Magazin einzuführen, aber auch er musste dann feststellen, dass es wohl was anderes war (Federbruch des Magazinhalters). Gleich nach der Ausbildung ging ich also wieder zur Waffenkammer und tauschte eigenmaechtig unter grossen Protesten des

"Verantwortlichen" das FAL gegen eines, das rundherum in Ordnung war - sonst haette ich wahrscheinlich wieder ein defektes bekommen. Sonst verlief das Lagerleben ereignislos. Meine grosse Stunde war nur die taegliche kurze Gefechtsausbildung, wo ich aber auch nur wenig ausrichten konnte, denn sie war völlig verkorkst: es waren nur drei Ausbilder da, davon zwei gewissermassen Hauptamtliche (Nacho und Hugo), der Rest waren nur Landser. Es fehlten alle anderen Unterführer, weshalb zu Übungszwecken jeweils Haufen unter der Führung irgendeines Guerrilleros zusammengestellt wurden. Dazu kam, dass der Übungsraum sehr eingeschraenkt war. Das entscheidende aber war, dass sie von niemandem sehr ernst genommen wurde, sondern eher als Beschaeftigungstherapie diente. Wenn ich mich staerker engagierte und sowohl durch das Beispiel als auch durch Vorschlaege oder energischeres Herangehen etwas bewirken wollte, so war die gelindeste Reaktion noch mitleidiges Laecheln, oft aber auch Entrüstung über meine Methoden, so in etwa nach dem Motto: was will der eigentlich, wir können doch alles, wenn er etwas beibringen will, dann soll er doch zu den "novatos" gehen!

Es gab naemlich noch ein kleines Nebenlager, wo Neuankommlinge ohne jede Ausbildung eine einwöchige "Grundausbildung" erhielten. Aber auch all die anderen haetten eine Erweiterung ihrer Kenntnisse dringend nötig gehabt, vor allem, da sie als Latinos sowieso schon allzu grosse Individualisten waren und sich nicht in eine Ordnung bringen lassen wollten. Die Antwort der Lagerführung aber war auch nicht gerade ideal: Erziehung zur Disziplin durch Formalausbildung und aehnliche Dressurakte; in diesem Zusammenhang verweise ich nochmals auf die "sanciones". Ich habe immer wieder darauf hingewiesen, dass Disziplin im Kopf sein müsse, nicht in den Füssen, und dass sie immer rational und funktional ausgerichtet sein müsse - vergebens: Militarismus und

Ineffizienz gaben sich die Hand, Bill und mir blieb nur das Kopf-schütteln und Nörgeln im kleinen Kreis.

Ein gutes hatte das ganze allerdings: zumindest die Ausbilder lernten uns schaetzen. Leider konnten sie sich mit Bill praktisch nicht unterhalten, so dass sie sich fast ausschliesslich an mich hielten, um ihren Wissensdrang über das deutsche Militaerwesen, andere Waffen, Doktrinen usw. zu befriedigen. Dabei merkte ich, dass zumindest Nacho und Hugo auch über ihre Taetigkeit nicht glücklich waren, aber sich auch den Einschraenkungen von "oben" unterorden mussten. (In den achziger Jahren traf ich sie einmal zufällig in San Miguelito als Chefs von BLIs (Anti-Guerrilla-Bataillonen). "Oben", das waren die schon erwaehnten Ernesto, Rosendo und Domingo. Die ersten beiden kümmerten sich nicht viel um kleinere Dinge und waren auch oft fort ("in der Stadt", wie man neidvoll sagte). Die beiden hatten schon viele Jahre im Un-tergrund (und im Gefaengnis) auf dem Buckel und waren auch politisch sehr gut geschult. Domingo dagegen hatte zwar Autori-taet aufgrund seines Alters und seiner angeblichen Ortskenntnis, aber sonst machte er auf mich keinen sehr kompetenten Eindruck. Er hörte mir zwar zu, wenn ich etwas vorzutragen hatte (und das war sehr oft der Fall, trotz bewusster Zurückhaltung) - aber es ge-schah nichts. Wenn er etwas anordnete, dann war es oft völlig unsinnig: aus Sicherheitsgründen war es zum Beispiel verboten, sich an der „Küche" (offene Hütte) nach dem Essenfassen noch aufzuhalten, um keine unnötigen Haufenbildungen zu erzeugen - dass dies aber noch in viel grösserem Masse beim Schlangeste-hen vor dem Essenfassen und auch beim Antreten der Fall war, liess ihn völlig kalt. Um Seuchen zu vermeiden, wurden am Bach für die verschiedenen Verrichtungen Stellen festgelegt (Wasser-entnahme weiter oben, danach Geschirrwaschen, danach Körperpflege) - diese an sich richtige Massnahme wurde aber völlig sinn-los dadurch, dass bei heftigem Regenfall (praktisch jeden Tag) der Bach für einige Zeit in eine braune Brühe verwandelt wurde, mit der aber auch z.B. gekocht werden musste; ausserdem war es völlig illusorisch, dass sich die Leute bei Nacht an die Stellen halten würden bzw. konnten. Dies war naemlich ein weiteres Problem: die meisten waren Staedter und sie waren an den Ur-wald noch viel weniger gewohnt als ich. Domingo befahl zwar, bei Dunkelheit leise zu sein (was auch nicht gemacht wurde), dass aber am Tage die Ausbilder wie die Affen brüllten und dass man nachts fast nur mit Taschenlampen lustwandelte, passt auch nicht zusammen. Entweder es bestand Gefahr, dass man mit der Gua-rdia zu rechnen hatte, dann mussten aber alle Vorsichtsmassnah-men getroffen werden, oder es bestand keine, dann waren die ganzen halbherzigen Massnahmen alle nur Unsinn oder Schi-kane, bestenfalls erzieherische Mittel, die aber nicht als solche deklariert wurden.

Überhaupt war das mit der Sicherheit so eine Sache. Es gab zwar Tag und Nacht immer drei Posten am Rande des Lagers und nachts mussten auch die im Inneren befindlichen Gruppen je ei-nen Posten aufstellen, so dass jeder mindestens einmal am Tag bzw. In der Nacht Wache schieben musste, aber das war erstens zu nahe am Lager und zum zweiten blieben riesige Raeume un-bewacht, von einer Vorbereitung zur eventuellen Verteidigung o-der für einen Rückzug ganz zu schweigen. Die drei (schweren) Maschinengewehre, die so rumstanden, waren mehr zur Ausbil-dung und Dekoration da. Kurz und gut, jedem einigermassen aus-gebildeten Unteroffizier, Feldwebel oder Offizier von irgendeiner Armee der Welt haetten die Haare zu Berge gestanden, wenn er auch nur 10 Minuten in der Base 20 gewesen waere. Das gute war bloss, dass die Guardia anscheinend auch nicht viel besser war, sonst haette sie es sicher schon unternommen gehabt, solche leichte Beute anzugreifen. Es war bloss gut, dass es auf der anderen Seite keine Rhodesier oder Südafrikaner waren, die haetten dem ganzen Zauber schon lange ein Ende gemacht gehabt!

Es gab natürlich nicht nur negative Seiten. Zum einen herrschte trotz der Widernisse ein hoher Kameradschaftsgeist, zum anderen gab es eben auch sehr viele interessante Leute, vor denen ich zum Teil höchste Achtung hatte: da waren zwei, die bei der Besetzung des Nationalpalastes dabei waren, "Chacalote" (ein Berg von einem Mann) und Porfirio, ein typischer Indio aus Monimbó; ein anderer Porfirio, der früher bei der Guardia war, dann aber überlief und dem es anscheinend sehr viel Spass machte, auf seine ehemaligen Kameraden zu schiessen; "el chino San", der seinen Spitznamen von seinem Gesicht hatte, das etwas chinesisches hatte - er wollte weiter in der Guerrilla bleiben, nach dem Sieg in Nicaragua würde er nach El Salvador gehen, dann nach Guatemala...; ein junger Hondureño, der eigentlich ein typischer Sozialwissenschaftler und Philosoph war und aus Idealismus in der Guerrilla landete, obwohl er mehr in einen Hörsaal gehört haette - er wusste mehr über die deutsche Philosophie als ich und warf mit Namen nur so um sich, die ich zum Teil noch nie gehört hatte oder nicht verstand, weil er sie so abenteuerlich aussprach; mehrere Panameños, die oft sogar ihren Abschied aus der Armee genommen hatten, um in Nicaragua zu kaempfen; ein paar Leute aus Bluefields; schliesslich noch einige junge Sandinisten, die oft erst knapp zwanzig waren und trotzdem schon viele Jahre in der Guerrilla kaempften, wie zum Beispiel "Garañón", Tijuana“ und "Gato" oder wie "Susanna", die eine Einheit der Sandinisten beim ersten Volksaufstand im September 78 in ihrer Heimat Carazo geführt hatte und dann ihr Kind bei ihrer Mutter lassen musste. Überhaupt waren die meisten, die jetzt hier waren, aus der Stadt und hatten wegen ihrer Beteiligung am Aufstand aus dem Land fliehen müssen - entsprechend gering war ihr Bewusstseins- und Ausbildungsgrad.

Das angenehmste aber waren die Sonntage. Nicht gerade wegen der einstündigen Formalausbildung, die den Frühsport ersetzte, aber im Grunde genommen nur noch bescheuerter war; eher schon, weil spaeter geweckt wurde, vor allem aber wegen zwei Dingen: Fussball und Grill. Wer naemlich wollte, ging mit auf eine Weide, die etwa eine Stunde entfernt war und spielte dort Fussball. Wer meine Leidenschaft für diesen Sport kennt, weiss, was das für mich bedeutete. Ausserdem war es eine Abwechslung von dem Lagereinerlei, auch in kulinarischer Hinsicht, da uns naemlich der Bauer, dem die Wiese gehorte und der ein "colaborador" (Helfer) war, uns reife Bananen schenkte. Am Abend schliesslich wurden überall kleine Feuer entfacht und jeder konnte seine Fleischrationen braten, die meist sehr reichlich ausfielen, jedenfalls solange noch relativ wenig Leute im Lager waren. Allmaehlich wurden es immer mehr und aus den etwa 50 bei meiner Ankunft wurden nach drei Wochen doppelt so viel, so dass auch die gekauften Ochsen oder Schweine bei weitem nicht mehr so satt machten. Überhaupt brach wegen der Menge Leute der Nachschub fast zusammen und es gab ein paar Tage fast nur Reis und Sardinen, weshalb es ein allgemeines Murren gab wegen der fehlenden "Frijolitos" (Bohnen) usw. Nur Leuten wie Bill und mir, die

das sowieso nicht mochten, und so Schleckermaeulern wie Ma-
riita, die sich fast nur von Trockenmilch, Zucker und Pinol ernaehr-
ten, machte das nichts aus.

Überhaupt genossen die wenigen Frauen (neben den drei schon

> Bill sprach immer von "bloody fucking rice and beans" und
> meinte auch wegen der ständigen Sardinen, die FSLN müsste
> eigentlich eher Frente SaRdinista heissen!

erwaehnten noch die Panameña Yossi und die fünfzehnjaehrige
Verónica) ganz schöne Privilegien und Rücksichtnahme durch die
"machos" - manchmal auch etwas zu viel: gerade als ich ankam,
ging eine weitere Frau weg, die schwanger war. Ansonsten taten
sie das, was sie wollten, ohne grosse Einschraenkungen, zum Teil
auch sehr selbstbewusst. Drei nahmen am normalen Dienst teil
einschliesslich Sport und "Gefechtsausbildung", die anderen zwei
passten auf den Funk auf, verwalteten die Lebensmittel und Ge-
raetschaften usw. Gekocht haben sie nicht, jedenfalls nicht mehr
als die anderen auch. Ich war eigentlich erstaunt über die geringe
Zahl von Frauen, aber man erklaerte mir, dass wegen der äusserst schwierigen Bedingungen nur Freiwillige in solche Lager geschickt würden. Und schwierig waren die Bedingungen allerdings!

Schon allein die Ortsnamen sagen einiges aus: Wir waren in der
Naehe des Rio San Juan und die naehesten Nebenflüsse hiessen
"Infernillo" (kleine Hölle) und "Poco Sol" (wenig Sonne). Dazu
kam, dass gerade Ende der Regenzeit war, was aber in dieser
Gegend wenig heisst (es regnete nur ein bisschen weniger als
sonst). An den vielbegangenen Stellen im Lager stand der

Schlamm zumindest knöchelhoch. Auch bei Beachtung aller Hygienemassnahmen konnte man sehr leicht Krankheiten kriegen, vor allem die "Dschungellepra" (Leishmaniasis), Pilzkrankheiten und schwere Erkaeltungen (trotz des Treibhausklimas wurde es nachts relativ kalt, vor allem, wenn man durchnaesst war). Gar nicht erwaehnt zu werden brauchen andere kleine Sachen wie Mücken, Ameisen usw.

Eine weitere Abwechslung am Schluss war, dass ein Tunnel von etwa 20 m in der Nähe des Lagers gegraben wurde, um die Waffen zu testen. Viele drückten sich vor der Arbeit, auch Bill, ich dagegen war dankbar fuer die Abwechslung und als Kind vom Lande und Bergmannssohn an solche Arbeiten gewöhnt.

Aber all das machte mir eigentlich recht wenig aus im Vergleich zu der dauernden Langeweile, die mir sehr auf den Geist ging. Sogar auf die Begrüssungsformel "qué pasó" (was ist passiert) antwortete ich nicht mit der gleichen Gegenfrage, sondern unüblicherweise mit "nada" (nichts) oder noch sehr viel drastischeren Ausdrücken. Schon eine kleine "misión", bei der bloss Bananen von einer verlassenen Finca in der Naehe der Grenze geholt werden sollten, war schon eine grosse Abwechslung und sogar mit ein wenig Gefahr verbunden, denn an der gleichen Stelle war es noch vor einigen Wochen zu einem Gefecht gekommen, wobei einer der Compañeros seinen nagelneuen Ami-Rucksack verloren hatte - als er am naechsten Tag zurückkehren musste, um den Rucksack wieder zu holen, war die Guardia immer noch da und der gute Pedro Pablo musste unter einem fürchterlichen Kugelhagel unverrichteter Dinge wieder zurückkehren.

Überhaupt stellte ich mir das Lagerleben viel anders vor: ich dachte mir, dies sei die Ausnahme, die Regel sei der Einsatz oder zumindest die Vorbereitung von Aktionen. Ich musste aber sehr bald feststellen, dass nur sehr selten und ohne grosse Systematik Aktionen durchgeführt wurden, diese aber wurden dann umso öfter immer und immer wieder erzaehlt. Dabei bekam ich zwar einiges über die Guardia und die Sandinisten mit, dies war aber beileibe nicht gerade positiv. In den letzten drei Monaten vor meiner Ankunft wurden nur insgesamt zwei nennenswerte Aktionen durchgeführt, einmal ein Hinterhalt gegen die Nationalgarde in der Naehe des Stützpunktes El Castillo, wobei fast alles schief lief, man aber trotzdem viele Guardias töten konnte, selber aber keine Verluste erlitt, aber auch keine Waffen erbeuten konnte; zum anderen wurde ein Patrouillenboot auf dem Rio San Juan mit Infanteriewaffen (Gewehre, schweres Maschinengewehr und Panzerfaust) versenkt, wobei wiederum zwar einige Guardias umkamen, aber natürlich alle Waffen buchstaeblich ins Wasser fielen.

Andererseits verstand ich auch allmaehlich durch die Ankunft immer neuer Compañeros, warum in der letzten Zeit keine Aktionen mehr unternommen wurden: es war sicher etwas grösseres geplant und man wollte nicht unnötigerweise auf sich aufmerksam machen. Es wurde zwar alles geheim gehalten, aber man zieht ja so seine Schlüsse... Ich verstand zwar, warum "compartimentación" (Geheimhaltung) sein musste, auf der anderen Seite war ich von den Führungsprinzipien der Bundeswehr her gewohnt, dass der Soldat über den Auftrag informiert wurde, nicht bloss, um ihn sinnvoll ausführen zu können, sondern auch um den Sinn und Zweck des ganzen zu verstehen und entsprechend motiviert zu sein - hier aber kam ich mir wie ein Idiot vor, der nicht wusste, was im naechsten Augenblick passieren wird.

Unterdessen wurden viele Vorbereitungen getroffen. Es wurden immer neue Aufteilungen und Einteilungen vorgenommen, allmaehlich wurde auch die Ausrüstung vervollstaendigt und ich hatte endlich auch einen Lederriemen für mein Gewehr, ein Koppeltragegestell und eine Magazintasche. Zu diesem Zeitpunkt war ich der "escuadra" von Antolin zugeteilt, der mich als Verantwortlicher für die "Gefechtsausbildung" schaetzen gelernt hatte und mich in seine Gruppe holte als zweiten Gruppenführer. Mit ihm besprach ich schon die ganze Aufteilung, Einzelheiten der Organisation usw., als ich zu meiner grossen Enttaeuschung wieder einer anderen Gruppe zugeteilt wurde. Antolin hatte sich naemlich durch seinen Einfluss zu viele Leute geschnappt, noch dazu die besten, weswegen er wieder einige abgeben musste. Die neue Gruppe bestand bis dahin nur aus sechs Mann und wurde durch vier weitere auf Sollstand gebracht. Die sechs waren vorher auf einer "misión" und freuten sich unerklaerlicherweise auf das Lagerleben (wie ich spaeter erfuhr, mussten sie eine Woche lang am Rio San Juan beobachten, ob es an der vorgesehenen Übergangsstelle irgendwelche Bewegungen der Guardia gab).

Der Führer der neuen Gruppe war Porfirio (jener, der an der Erstürmung des Nationalpalastes teilgenommen hatte), auch der andere Porfirio war vertreten, daneben noch ein Bekannter der "ersten Stunde", Carlitos, ein Campesino, einer der wenigen "Waldläufer" des ganzen Lagers, der bis dahin mit seinem Ochsen hauptsächlich für den Nachschub gesorgt hatte. Dazu kamen noch zwei schier unzertrennliche Freunde aus Chinandega, die genau das Gegenteil von Carlitos waren (also pure Städter), genauso wie Danilo, der aus Masaya stammte und wie die beiden anderen nach dem Septemberaufstand fliehen musste. Als neue kamen neben mir Napoleon, der völlig anders aussah als sein Namensgeber und ein junges, unreifes Bürschchen aus Costa Rica war, sowie vor allem Felipe, der von seiner persönlichen Autorität her eigentlich der Führer der Gruppe haette sein müssen. An den 10. kann ich mich nicht mehr erinnern.

Felipe (Peña) war der mit etwa 35 Jahren aelteste der Gruppe; er hatte lange Zeit im Gefaengnis gesessen, nach dem Über-fall der Gruppe aus Solentiname (vom wo er stammte) auf die Kaserne von San Carlos. Er kam nur durch den Überfall auf den Nationalpalast frei, an dem auch der Porfirio beteiligt war.

In der Burg von San Carlos wurde er in einem Loch gefangen gehalten und war Sonne und Regen ausgesetzt. Trotz dieser Behandlung antwortete er auf die zynische Frage des Gefäng-niswärters immer mit dem Spruch aus Costa Rica: pura vida ! (etwa: ganz gut).

Wie ich spaeter erfuhr, war er auch noch Poeta (Dichter) - wie so viele andere Nicas auch und kein Wunder bei dem Lehr-meister (Ernesto Cardenal).

In den achziger Jahren wurde die Hauptinsel von Solentiname, Mancarrón, nach ihm benannt.

Felipe wurde selbstverstaendlich zum Stellvertreter ernannt, wo-mit er auch die Führungsschwaechen von Porfirio ein wenig aus-gleichen konnte, Danilo wurde responsable politico, wahrschein-lich, weil er am besten reden konnte, und damit der dritte Mann in dem, was sich hochtrabend "Stab" der Gruppe nannte.

Die Vorbereitungen gingen nun ihrem Ende entgegen, es kamen zu guter letzt sogar (helle) Haengematten (aus Plastiksackstoff, wie er zur Zuckerverpackung verwendet wird) und 36 amerikanische Armeerucksaecke; da diese natürlich viel zu wenig waren, wurden sie auf die aufgeteilt, die schon am längsten dabei waren - d.h. ich ging leer aus und musste mir meinen "mochila sandinista" zurechtbasteln: einen ganz gewöhnlichen Zuckersack, den man durch das Anbinden von zwei Traegern an den drei Zipfeln (2 unten und der oben, wo zusammengebunden wird) so etwas wie Rucksackeigenschaften verleiht. Als Traeger schnitt ich mir von einer RPG 2 - Tragetasche den langen Riemen ab, obwohl er mir doch etwas schmal erschien - aber es gab halt nichts anderes. Es wurde auch schon Marschverpflegung ausgegeben, dann aber wieder eingesammelt, weil sich ein paar Leute schon vorher an ihr vergriffen hatten. Erstaunt hat mich vor allem eine relativ unscheinbare Plastiktüte: sie enthielt naemlich ein sehr gut sortiertes Erste-Hilfe-Paket, das von Vaseline (gegen Reibstellen) über Verbandszeug bis hin zu Vitamintabletten und Schmerzspritzen reichte - da war ein Fachmann am Werk! Da hatte sich einer was dabei gedacht!

Mich nervte das ganze vorbereiten, verteilen, umverteilen usw., da es noch umstaendlicher als beim Bund gemacht wurde und einen noch mehr zu einem Objekt degradierte, das den ganzen Tag nur wartete. Wir bekamen alles mögliche und unmögliche, bis hin zu weissen Hüten, für die man natürlich wieder grüne Spraydosen bekam, mit denen dann praktisch fast schon wieder der Urwald grün angemalt wurde - ich zumindest besehraenkte mich auf den Hut, meinen "Rucksack" und die blankgescheuerten Teile des Gewehrs. Kurz vor der "Abreise" schliesslich kamen sogar noch die Gummistiefel (die wir vor allem im Lager gebraucht haetten !).

Vor allem aber kam auch zum Abschied ein hochrangiger Besuch: Comandante Victor Tirado (später einer der neun obersten Comandantes) und Edén Pastora (Comandante Cero) mit viel Gefolge und mit noch viel mehr exotischen Waffen. Edén selber trug im Schulterhalfter eine silberne (!) Pistole, einer von seiner Leibwache eine tschechische Scorpion-MP (früher mal eine begehrte Gangsterwaffe), die zum absoluten Star avancierte, nicht nur, weil sie nicht viel grösser als eine Pistole ist, sondern weil sie jeder einmal einhaendig mit einer schnellen Armbewegung durchladen wollte; ein anderer hatte ein R-15 mit Zielfernrohr etc. Es wurden halbe Paraden abgehalten und auch die Reden fehlten nicht, vor allem an ein paar Passagen von Edén erinnere ich mich ganz gut: er wies uns darauf hin, dass die mehr als 120 Mann zu diesem Zeitpunkt wohl die bestausgerüstetste Guerrillatruppe in Lateinamerika waren und dass wir uns dies angesichts der bevorstehenden Gefahren auch mal vor Augen führen sollten; andererseits betonte er aber auch: "muchos no nos volveremos a ver" (viele von uns werden sich nicht wiedersehen - wahrhaft prophetische Worte!).

Dann gings ans fotografieren: Edén hatte naemlich auch noch eine Polaroid-Sofortbildkamera mitgebracht. Natürlich stellte er sich zuerst einmal mit seinen Kameraden vom Coup auf den Palast in allen möglichen Posen auf, dann alles durcheinander, schliesslich sogar alle Internationalisten mit Edén - es war wie beim Modellstehen und er war auch der entsprechende Showman dafür. Der Tag klang schliesslich aus mit dem Schlusspunkt unseres allabendlichen Kurses über die Geschichte der FSLN, den Victor Tirado höchstpersönlich setzte. Allerdings missfiel das lange Reden einem Affen, der sich in seiner Nachtruhe gestört fühlte und wütend mit Zweigen zu uns herunter warf. Ich erinnere mich deshalb so gut daran, weil er naemlioh dem guten Comandante Tirado einen davon auf die Schulter warf.

Am naechsten Tag, dem 12.April, sollte Abmarsch sein und es herrschte allgemeine Aufbruchsstimmung. Ich habe es nicht gerne, wenn man in letzter Minute alles zusammenraffen muss und hatte mich schon entsprechend vorbereitet, so dass ich mich hinsetzen konnte und etwas plauderte, beobachte und den anderen half. Dabei fiel mir vor allem Chicha (Tony) auf, der völlig anders war als sonst: zum x-ten Male schulterte er seinen Rucksack, er war noch unruhiger als sonst, gleichzeitig aber auch sehr nachdenklich. Deshalb fragte ihn Chacalote schliesslich, was denn los sei. Jetzt, wo es ernst wurde, hatte er doch ein bisschen Schiss und fragte deshalb zurück, was denn alles auf uns zukommen würde. Chacalote beruhigte ihn, indem er ihm den Rat gab, er solle sich möglichst nahe bei ihm aufhalten, dann werde ihm schon nichts passieren.

Dann erzaehlte Chicha so seine Vorstellungen von dem, was er "danach" machen wolle, naemlich Militaerpilot. Wir wurden schliesslich unterbrochen durch Porfirio, der mit einer RPG 2 - Granate und noch einmal 100 Schuss kam und meinte, das müsse auch noch mit in meinen Rucksack. Ich habe gemeint, mich trifft der Schlag! Noch einmal aufmachen, vor allem aber: wohin mit dem Zeug? Der Sack war schon voll: 150 Schuss lose, ein Klotz Sprengstoff, eine Hose, die Haengematte, die Plastikplane, das Waschzeug, die Medikamententüte, 2 Kilo Reis, 2 Kilo Zucker, 2 Tüten Milchpulver, eine Tüte Pinolillo, Maggiwürfel, eine grosse Dose Kondensmilch usw. Und jetzt noch das! Ich überlegte schon, ob ich nicht doch die Lederstiefel anziehen und lieber die Gummistiefel in den Sack stecken sollte, entschied mich aber dann doch, die guten Lederstiefel für später zu schonen. Als ich dann nach langem hin und her endlich alles verstaut hatte, haette ich den Sack fast nicht mehr heben konnen - er war so schwer wie ein Hinkelstein geworden (und sah auch so aus), bloss dass man mir keinen Zaubertrank gegeben hatte, um ihn auch schleppen zu können. Mich wunderte nur eins: ausser dem Spanier hatte keiner einen so grossen Sack wie ich. Erst allmaehlich waehrend des Marsches kam ich auf den Grund - die meisten nahmen einfach nicht alles mit, was ausgegeben worden war (Munition und Essen natürlich ausgenommen!) und warfen unterwegs auch gleich einiges weg.

Endlich, nach dem Mittagessen, 5 Stunden nach dem Zeitplan ging es los, gruppenweise gings rein in den Urwald, in nordöstlicher Richtung. Schon nach ein paar hundert Metern fragte ich mich, wie lange meine Schultern das wohl aushalten würden. Es war nicht nur das enorme Gewicht, was mir zu schaffen machte, sondern auch die viel zu schmalen Traeger und die mangelnde Festigkeit der ganzen Konstruktion, denn der Sack baumelte bei jedem Schritt hin und her. Schon beim ersten Fluss nach etwa einer Stunde füllte jeder seine Plastikfeldflasche wieder auf, beim ersten grösseren Halt nach einer weiteren Stunde war sie bei einigen schon wieder leer. Ich nützte die Pause, um am Sack Verbesserungen vorzunehmen, vor allem aber, um mit Victor Tirado zu sprechen, der mit unserer Gruppe mitging. Ich diskutierte mit ihm über die Strategie und machte einige Kritiken und Verbesserungsvorschlaege im Lichte des Misserfolgs des Septemberaufstands: zur Vorbereitung Ausschalten der Luftwaffe und der Panzer, waehrend des Aufstands bessere Koordinierung, vor allem des Beginns und der Versuch, die Guardia möglichst in den Kasernen festzunageln, damit sie ihre Mobilitaet, bessere Taktik und Ausbildung nicht durch eine Entfaltung ausspielen könne; schliesslich die Aufstellung von mobilen, gut ausgerüsteten Kommandos, die als Feuerwehr dienen und die Widerstandsnester der Guardia eines nach dem anderen zerschlagen sollten. Leider hatte ich den Eindruck, dass meine Vorschlaege nicht gerade auf fruchtbaren Boden fielen, denn mein Geepraechspartner antwortete kaum, obwohl er höflich zuhörte. Ich kann als einzige Genugtuung nur verzeichnen, dass mir die Geschichte in allen Punkten recht gegeben hat - das nützt mir aber recht wenig.

Am spaeten Nachmittag schliesslich kamen wir als zweite Gruppe an einem Rancho an, der praktisch nur aus 6 Pfosten und einem 7 Meter langem Dach bestand. Er lag inmitten einer grösseren Lichtung auf einem Hügel in einer Krümmung des Rio San Juan.

Die meisten der Gruppe kannten sich hier gut aus, sie hatten ja von hier aus die ganze Zeit die Übergangsstelle beobachtet. Wir machten uns über das wenige her, was noch da war: etwas Bohnen und eingeweichter Mais, den zumindest ich mit etwas Zucker mischte, damit er wie der Kochmais aus der Dose schmecken sollte. Noch eine Stunde lang beobachteten wir mit einem riesigen Fernglas die Umgebung - es war absolut nichts zu sehen. Ausser ein paar kleinen Zivilisationsinseln, die aber menschenleer waren, herrschte reinster tropischer Urwald. Nach und nach kamen noch drei Gruppen, so dass es unter dem Dach eng wurde und man aus Sicherheitsgründen die Gruppen in der Umgebung verstreute. Anscheinend gab es irgendwelche Verzögerungen mit den nachfolgenden Gruppen, denn aus dem naechtlichen Übergang wurde nichts und man befahl uns, am Rancho zu campieren. Da keine Bäume in der Naehe waren, konnten wir nicht die Haengematten und Plastikplanen ("champas") aufspannen und mussten am Boden schlafen. Allerdings fing es nach einiger Zeit fürchterlich zu regnen an und alles flüchtete unters Dach, schliesslich auch ich - trotz aller taktischer Bedenken gegen Haufenbildung war mir ein halbtrockenes Plaetzchen doch lieber (halbtrocken deshalb, weil ich natürlich schon ganz schön nass war und weil ich nur mehr am Rande unterkam, wo ich vom Spritzwasser immer noch erreicht wurde. Schliesslich ging auch diese Nacht vorbei und es herrschte ein strahlend blauer Himmel, so, als ob es hier nie regnen könnte.

„Coluna Jacinto Hernàndez" (Frente Suroriental)

Benannt nach einem Bauern aus dem Norden, der als FSLN-Kämpfer fiel. So hiess die Abteilung der FSLN von 128 Kämpfern, die im April 1979 in den Südosten Nicaraguas einfiel. Sie wurde in der „Base 20" zusammengestellt und nahm ab dem 13.4.1979 einen Weg strikt nach Norden, Richtung Nueva Guinea. Sie hatte die Aufgabe (wie sich später herausstellte), vor dem eigentlichen Aufstand in den Zentren des Landes, die Elitetruppe EEBI in einem Urwaldgebiet zu binden. Sie war gut ausgerüstet und leidlich ausgebildet, viele Leute hatten militärische Erfahrung. Die Tatsache, dass nur 24 überlebten, ist auf

---

- Die Präsenz wurde schnell entdeckt durch einen Spitzel, der auch noch fliehen konnte; dazu kamen spätere Informationen durch einen Überläufer; so hatte die Guardia über zwei Wochen Zeit, sich vorzubereiten und schickte etwa 2000 Soldaten in das Operationsgebiet, darunter 800 EEBI-Elitesoldaten sowie Hubschrauber und Kleinflugzeuge
- Die Bevölkerung der Gegend war nicht auf der Seite der Rebellen (siehe Textkasten Nueva Guinea)
- Die gesamteTruppe, einschliesslich 2 Ochsen und einem Pferd, blieb immer zusammen und erleichterte so der Guardia die Arbeit der Lokalisierung, anstatt sich späestens nach der Entdeckung und den ersten Kämpfen aufzuspalten und nach dem Guerrilla-Motto „hit-and-run" zu agieren
- Dies machte auch die Logistik nach einiger Zeit sehr schwierig; für so viele Leute ist es schwierig, Essen zu besorgen; die Guardia nutzte das aus, evakuierte alle Bewohner der Gegend und liess kein Essen zurueck
- Die beiden Führer „Ernesto" (Iván Montenegro) und „Rosendo" (Oscar Benavides), zusammen mit dem „Político" Emmett Lang, hatten den Ehrgeiz, möglichst nahe an die künftigen Aufstandszentren zu kommen unter Vernachlässigung des eigentlichen Auftrages der Bindung der Guardia im Urwald
- Die ständigen Kämpfe, Gefahren und Entbehrungen zehrten an der Moral der Kämpfer und es gab viele Auflösungserscheinungen bis hin zu offiziellen Teilungen der Coluna in 3 Teile / Züge und danach die Auflösung der Züge in Gruppen und Grüppchen nach dem Motto „rette sich wer kann". Die meisten Leute kamen nicht bei Kämpfen ums Leben, sondern wurden, als „Zivilisten" verkleidet, von der Bevölkerung verpfiffen und dann von der Guardia meist unbewaffnet aufgegriffen und ermordet. VIele schafften es bis zur Landstrasse, wie die beiden Führer Ernesto und Oscar mit den beiden jüngsten (Verónica und Benevides), wurden aber dann am Paso de las Yeguas aufgegriffen und ermordet; einige schafften es in Orte wie San Miguelito, wurden aber dann festgenommen und über dem See im Hubschrauber „entsorgt".
Praktisch alle Überlebende entkamen nach Süden (Costa Rica), entweder als Gruppe (9 bzw. 4), zu zweit oder einzeln.

Marsch in den Urwald

Karfreitag, 13.April, der Geburtstag meiner kleinen Schwester! Hoffentlich hat sie mein Brief erreicht, lange genug war er ja schon unterwegs und ausserdem von Ernesto höchstpersönlich mitgenommen worden. Kurz vor dem Abmarsch hatte ich noch einen Glückwunschbrief an meinen Bruder geschrieben, der am 25.4. Geburtstag hatte, und dabei meine ganzen Wertsachen (Fotoapparat, 400 Dollar, 500 Mark, Rückreiseticket, meine kaputte Armbanduhr, Personalausweis und Reisepass) sowie alles überflüssige in einer kleinen Plastiktasche zur Aufbewahrung in das Haus von Comanche gesandt, wo auch meine Reisetasche stand. Ausgerechnet am Karfreitag also sollte es nach Nicaragua hineingehen, wie lange würde diese unsere Karwoche wohl dauern? Der Zeitpunkt zumindest war gut gewaehlt, da in der Karwoche in Nicaragua nichts läuft und alles tot ist. Aber schon als ich nach einem halbstündigem Abstieg den Ort des Übergangs sah, war meine Hochstimmung verflogen: auf beiden Seiten völlig offenes Gelaende mit ein paar Ranchos, die aber nur von Tieren bevölkert wurden. Wenn ich aber gewusst haette, dass der Ubergang – ausser von uns selbst - überhaupt nicht gesichert wurde, haette ich wahrscheinlich noch ein sehr viel anderes Gefühl gehabt. Aber so dachte ich, die erste Gruppe, die schon tags vorher den Fluss überquert hatte, würde auf der anderen Seite sichern. Deswegen verstand ich auch nicht ganz die Nervositaet von Porfirio, der doch sonst immer relativ ruhig war, und führte sie allein darauf zurück, dass ihm wohl unbehaglich vor der Fahrt mit dem Einbaum war (mir auch!). Wir wurden naemlich von zwei Campesinos zu jeweils fünfen mitsamt Rucksack und Waffen ans andere Ufer gebracht, das immerhin mindestens 200 Meter entfernt war. Es schlich sich wohl bei jedem ein unbehagliches Gefühl ein; nicht nur, weil der Hintern nass wurde und weil bei einem Kentern von so einer

Nuss-Schale wegen des enormen Gewichts der Saecke und Waffen wohl so mancher ersoffen waere (viele konnten überhaupt nicht schwimmen), sondern weil man waehrend der Zeit des Übersetzens vollig schutzlos war - wenn da ein Patrouillenboot der Guardia gekommen waere!

Schliesslich kamen wir doch ans andere Ufer und überquerten im Sprung die etwa 200 m freie Flaeche zum naechsten Waldrand, wo wir auf den Rest der Gruppe warteten. Da kriegte ich erst den Schreck, es war naemlich niemand da, der sicherte! Auch wir taten dies nicht, obwohl ich dies mehrmals vorschlug, sondern wir verschwanden schnurstracks in einem wilden Bachbett, in dem wir mehrere Stunden aufwaerts marschierten, wobei ich mich freute, die Gummistiefel angezogen zu haben. Bevor wir das Bachbett dann verliessen, machten wir die erste Rast in Nicaragua. Ausser reichlich Wasser gab es als Mittagessen eine grosse Dose süsse Kondensmilch für je 2 Mann, damit Gewicht wegkam. Ausserdem inspizierte ich noch einmal meine ganze Ausrüstung, die Verpackung und vor allem mich selber. Die Stiefel waren naemlich etwas zu klein und deshalb begann ich sofort, die entsprechenden Stellen des Fusses mit Vaseline einzureiben (was ich übrigens noch eine ganze Zeit fortsetzen musste).

Nachmittags kamen wir dann zu einem Hügel, wo schon die erste Gruppe auf uns wartete und Lager bezogen hatte. Dort konnte man über das Urwaldmeer auch noch einen anderen kleinen Hü-

---

El Castillo (de la Inmaculada Concepción de Maria) wurde als Befestigung an der letzten Stromschnelle des Rio San Juan von den Spaniern errichtet, um den Zugang zum Nicaragua-See zu sichern (vor allem gegen die Engländer). Diese griffen auch ein paar Mal an. Beim letzten Mal ging der spätere Held der Schlacht von Trafalgar, Lord Nelson, noch als Leutnant, hier baden, als eine Kanonenkugel sein Boot traf. Ein weiteres Fort gab es in San Carlos, am Ausfluss des Sees und Beginns des Rio San Juan.

---

gel in der Ferne erkennen, mit dem Fernglas sah man sogar noch eine Art Burg darauf: El Castillo, wo die Guardia sass.

Hier in der Gruppe von René traf ich auch Billy wieder und übergab ihm ein 30-Schuss -Magazin für sein M-16, das man in letzter Minute noch irgendwie organisiert hatte und über das er sehr froh war, auch wenn er nicht der typische amerikanische Munitionsverschwender zu sein schien.

Etwas entfernt schlug auch unsere Gruppe ihr Lager auf, wobei ich mir eine natürliche Mulde zunutze machte als eventueller Schutz - überhaupt achtete ich in jeder Phase darauf, waehrend die anderen nur bei besonderen Anlaessen oder nach Hinweis darauf Wert legten. Da genug Zeit war, wurde auch eine "reunión politica" (politische Versammlung) unserer Gruppe abgehalten, in der alles mögliche besprochen wurde, natürlich auch militaerisches. Ich machte auf einige Punkte autmerksam und schlug unter anderem auch so primitive Dinge vor wie das Ausmachen von

Sammelpunkten bei einem Zerstreuen der Gruppe oder des ganzen "tren de guerra" (Kriegszugs), wie man unsere 12 Gruppen, 2 Ochsen, 1 Pferd mit 128 Mann, 4 Maschinengewehren und einem Mörser mit 35 Granaten nannte. Vergeblich - Porfirio entgegnete nur mitleidig laechelnd, wir würden nicht versprengt werden. Nach dieser weiteren Enttaeuschung war es mir ganz recht, dass es etwas konkretes zu tun gab, naemlich den allmaehlich ankommenden Compañeros die letzten Meter den Hügel hoch zu helfen, vor allem aber die immer wiederkommenden Verrichtungen Holzsammeln und Holen von Wasser in Feldflaschen für das abendliche Kochen. Die ersten Naechte zog ich mich noch immer um, um nachts etwas trockenes anzuhaben. Aber durch das feuchte Klima trocknete nichts, schon gar nicht nachts und wenn es regnete. Wenn man dann morgens wieder in die nassen Klamotten schlüpfen musste, dann war das ein ganz abscheuliches Gefühl. Ausserdem musste man auch abends oft noch unverhofft etwas erledigen, wie etwa ankommenden zu helfen oder Munitionssaecke über eine schwierige Strecke zu schleppen, die die Ochsen nicht mehr bewaeltigen konnten (bei der Gelegenheit erlebte übrigens mein schönes blaues Trikothemd seinen Anfang vom Ende, da es durch die Kugelspitzen im Sack aufgerissen wurde), sodass man danach wieder durchgeschwitzt war. Deshalb ging auch ich dazu über, die nassen Klamotten einfach anzulassen und sie am Körper nachts wieder trocknen zu lassen - die einzige Möglichkeit überhaupt, etwas trocken zu kriegen.

Am naechsten Tag nachmittags überquerten wir den ersten grösseren Fluss, den Rio Santa Cruz. Da die Vorhut schon da war und lagerte, konnten wir uns waschen, wobei der nachkommende Domingo sah, dass ich noch etwas Shampu hatte und es natürlich sofort haben wollte - ab dem Zeitpunkt gab es eben nur noch Seife. Bei dieser Gelegenheit brachte René auch noch einen Gefangenen zu Domingo, der nicht gerade wie ein Campesino aus-schaute. Domingo glaubte, ihn von irgendwoher zu kennen, er glaubte sogar, ihn schon in El Castillo gesehen zu haben, bei der Guardia, aber der Mann versicherte, dass er ganz zufaellig (am Ostersamstag !) unterwegs sei und mit der Guardia nichts zu tun haette. Er wolle sich uns sogar anschliessen! Auf jeden Fall befahl Domingo, noch vorsichtiger zu sein, mehr Wachen aufzustellen und den Mann zu bewachen. Er blieb auch einige Tage bei uns und zeigte sich sehr willig, bis man ihn nicht mehr so gut bewachte - auf einmal war er fort und auf einmal fiel es auch Domingo wie Schuppen von den Augen: das war ein "juez de mesta" !

Das politische und soziale System in der Zeit Somozas war auf dem Lande aufgebaut auf dem System des „Juez de Mesta" (etwa: Friedensrichter), der eine Art Blockwart war und damit die politische und soziale Kontrolle sicherstellte, auch als Spit-zel agierte und auch sonst den Behörden und der Guardia zu-arbeitete.

Naja, jetzt hatten wir die Guardia sicher am Hals!

Einstweilen war es aber noch nicht so weit, sondern wir feierten erst einmal Ostern, so gut es ging. Unsere zwei "Jaeger" Carlitos und Felipe hatten nachts mit der Taschenlampe ein Gürteltier an-gelockt und mit einem Kleinkalibergewehr, das Felipe zusaetzlich zu seiner Panzerfaust trug, erlegt - man sieht, es ging nicht gerade kriegsmaessig zu. Auf jeden Fall hatten wir die Attraktion des Abends, das zwar auch herrlich duftend dem Reis einen guten

Geschmack gab, aber sehr tranig schmeckte, da es fast nur aus Fett bestand, was nicht gerade mein Fall ist.

Weiter ging es, immer schnurstracks Richtung Norden. Schon bald hatte ich davon die Schnauze voll, denn das hiess einmal: mitten durch den Urwald, wobei die ersten mit der Machete immer erst einen Pfad schlagen mussten ("Picada"), was natürlich sehr mühsam war und viel Zeit kostete, zum anderen hiess das auch, ohne Rücksicht auf Verluste und Gelaende immer geradeaus, (auf dem Hosenboden meist) zu einem Bachbett hinunter zu rutschen, den Bach zu durchqueren und dann (meist auf allen vieren) den Steilhang wieder hochzukrabbeln. Nach etwa ein paar hundert Metern wiederholte sich das Spielchen. Zu bunt wurde mir es aber, als man auch den einzigen Berg weit und breit nicht umging, sondern drübermarschierte (das waren immerhin fast 400 m Hdhenunterschied, die fast ohne jeden Weg bewaeltigt werden mussten in der "diretissima"). Zuerst beschwerte ich mich laut-stark bei der Vorhut, aber die sagten nur achselzuckend, das waere Befehl von oben.

Den anderen stank es auch, sie sagten aber nichts, weshalb es wieder an mir lag, mit Domingo zu sprechen, als wir gerade an einem verlassenen Bohnenfeld vorbeikamen und sich alles auf die verfaulten und verschimmelten Bohnen stürzte. Ich rang ihm zumindest ab, dass man nur mehr die grobe Richtung einhalten sollte, für Wege hingegen war er nicht zu begeistern. Gerade jetzt, wo die Guardia höchstwahrscheinlich wisse, dass wir unterwegs seien, könne man sich so etwas nicht leisten. Das Argument, dass die Guardia ja nur unseren Spuren zu folgen brauche, um uns zu finden, liess er nicht gelten. Es war naemlich wirklich nicht schwie-rig, uns zu folgen: 128 Mann, 1 Pferd und 2 Ochsen machten aus unserer anfaenglich kleinen Picada naemlich eine "trocha" (grosser Urwaldpfad, der permanent ist und zum Teil auch befahren werden kann) und jede Schnecke war schneller als unser langsam sich hinwindender Lindwurm. Dazwischen überquerten wir auch wieder einen grösseren Fluss, den Rio Sábalos, und kamen durch ein Gebiet, das nicht ganz so dicht bewaldet, sondern von dünnem Busch überzogen war und in dem es etwas schneller voran ging und in dem es anscheinend auch mehr menschliches Leben gab als nur uns. Bei einem der Nebenflüsse des Rio Punta Gorda ernteten wir sogar reichlich grüne Bananen in einer Plantage und legten eine sonntaegliche Rast ein. Einige fischten, andere gingen zum naechsten Bauern und besorgten etwas Bohnen und Posol (Maisgetraenk), der nur aus Mais, Wasser und Salz bestand und entsetzlich schmeckte - ich zog Wasser vor, besonders aber die wunderbare Fischsuppe, die Danilo, der 2.Porfirio und ich unter zuhilfenahme von Yuca, grünen Bananen, Salz und sogar Chile (Paprikaschoten) und Zitronen gekocht hatten - ich glaube, es war mit die beste Fischsuppe, die ich meinem ganzen Leben gegessen habe, wobei das nicht am Hunger lag, denn diesen Tag machten wir nichts als essen und faulenzen sowie auf den Rest des "tren de guerra" warten, der mit den Tieren laenger brauchte. Als wir darüber sprachen, wie das ist als Fallschimjäger aus dem Flugzeug zu springen, meinte der Domingo zum Rufino, alle Compañeros würden so was im Zweifelsfall machen („patria libro o morir"). Ich habe dann nur gesagt, dass das nicht so einfach und leicht sei und viel Vorbereitung und Übung erfordere – sie würden ja nicht einmal die einfachsten Dinge auf die Reihe kriegen!

Nach dieser Rast allerdings war jede Entspannung vorbei. Es ging wieder los, mitten durch den Urwald. Nicht aber das machte mir etwas aus, daran war ich fast schon gewöhnt, sondern der Schmerz in meiner linken Wade: es begann sich ein Abszess zu bilden, der bei jedem Schritt weh tat, obwohl ich bald meine Gummistiefel links aussen etwas abschnitt. Die Spannung wuchs aber auch deswegen, weil unterwegs 2 Leute desertierten, einer davon ein Wicht mit dem Pseudonym "Tarzan". Die Zahl von 128 stimmte allerdings immer noch, da sich uns in der Zwischenzeit zwei junge Burschen aus der Gegend angeschlossen hatten (einer davon erhielt den Kriegsnamen "Pedro"). Mit meinem Bein wurde es immer schlimmer, es wurde jetzt für mich wirklich ein wahrer Kreuzweg, der zwar schon am 13.April, Karfreitag, begonnen hatte, aber jetzt erst, um den 25. herum, so richtig zur Qual wurde. (Ich kann mich deswegen so gut an das Datum erinnern, weil dies der Geburtstag meines Bruders ist).

Als man wieder einmal einen kleinen Fluss mit einer grösseren Uferböschung überqueren musste, verstauchte sich Bill den Fuss. Anfangs wusste man das natürlich nicht und man dachte sogar, er haette sich ihn gebrochen. Obwohl es noch ziemlich früh am Nachmittag war, machte die Spitzengruppe deshalb schon unmittelbar am Fluss ein Lager. Ich aergerte mich in der Zwischenzeit noch mit meinem Abszess, vor allem aber mit dem 2.Porfirio herum. Er hatte wirklich die Mentalitaet eines Guardia: anstatt mir zu helfen bei dem zum grossen Teil beschwerlichen und steinigen Weg, lachte er nur über meine Grimassen und komischen Bewegungen. Am meisten schien ihn zu amüsieren, dass ich wegen der Schmerzen noch bleicher war als sonst (er war ein typischer Nica-Indio mit dunkelbrauner Haut, pechschwarzen glatten Haaren und breitem Gesicht mit vorstehenden, aber fleischigen Backenknochen). Da ich letzter war und sich mein Vordermann Porfirio nicht um mich kümmerte, haengte ich schliesslich immer mehr ab, was ihn anscheinend aber überhaupt nicht kümmerte. Wie es der Teufel will, bekam ich auch noch Schwierigkeiten mit meinem grossartigen Rucksack, so dass mich schliesslich die Gruppe von "Gallina" einholte. Der Gruppenführer marschierte selber voraus und half mir, so gut er konnte.

Wir schlugen unser Lager auf der anderen Seite des Flusses auf, wo ich sofort versuchte, so gut als möglich meinen Abszess zu versorgen. Er war jetzt kurz vor dem reif werden und spannte ungeheuerlich. Um den Druck loszuwerden, versuchte ich, den Abszess zu öffnen. Trotz aller Bemühungen mit allen möglichen spitzen Gegenstaenden gelang dies aber nicht - es kam nicht einmal gross Blut heraus. Tiefer drin aber war bestimmt schon Eiter. Ich kam deshalb auf die Idee, die Spritze aus dem Sanitaetsgepaeck umzufunktionieren, um das Eiter abzusaugen. Leider war die Kanüle aber viel zu fein, so dass nur ein ganz klein wenig farblose Flüssigkeit angesaugt wurde - unter grossen Schmerzen. Ich suchte deshalb den Doktor auf - wozu war er schliesslich da und schleppte mit seiner "escuadra médica" (Sanitätstrupp) alles mögliche Medizinzeug durch die Landschaft! Ich fragte nach einer dickeren Spritze, die er aber nicht hatte. Dann zeigte ich ihm meinen Abszess und fragte ihn, was man denn tun könne. Wie gross war meine Enttaeuschung, ja Wut, als er mir seelenruhig sagte, da könne man gar nichts tun, sondern man müsse einfach warten, bis der Abszess reif sei! Ab dem Zeitpunkt war für mich dieser Viechdoktor gestorben.

Ich ging zu Bill, dem man in der Zwischenzeit ein komfortables Lager hergerichtet hatte und reichlich mit Proviant versehen hatte. Es handelte sich aber nicht um unseren mitgenommenen Proviant, der in der Zwischenzeit fast vollstaendig aufgebraucht war, auch nicht um Tiere wie etwa Affen (die viele trotz des Hungers verabscheuten) oder verlauste Wildschweine (die zwar gut schmeckten und viel hergaben, aber uns die "garrapatas" = Zecken hinterliessen, sondern zum ersten Mal um Früchte in grösserem Stil: sie schauen aus wie kleine Kokosnüsse, haben aussen grosse Stacheln, eine harte Schale und ein Fleisch, die beide denen der Kokosnuss aehneln, wenn auch die Kokosmilch fehlte. Es war eine mühsame Sache, diese Dinger (Früchte der Coyolito-Palme) zu essen, aber es gab genügend und gerade für Leute in der Lage von Bill und mir gab es keinen besseren Zeitvertreib. Ab und zu ging ich wieder mit dem grossen Marines-Kampfmesser von Bill ein paar Schritte weg, um neue Trauben von diesen Nüssen zu holen, einmal rang ich mich sogar dazu durch, auf die andere Seite des Flusses zu meiner Gruppe zu gehen, um die letzten Reste meines Zuckers zum garnieren der Nüsse zu holen (die anderen hatten schon laengst keinen mehr!). Natürlich kamen laufend Leute, um sich das Bein von Bill anzuschauen (am allerwenigsten tauchte José, der Viechdoktor, auf). Bei einer Gelegenheit scherzte Bill halb auf englisch, halb auf gebrochen spanisch, im Wilden Westen haetten die Leute Pferde mit gebrochenem Fuss sofort erschossen, wobei er eine charakteristische Handbewegung zu seiner Schlaefe machte: so entstand das Gerücht, die Amerikaner würden ihre Kranken und Verwundeten, die auf dem Marsch hinderlich sind, einfach umlegen. Obwohl ich die Aussage wohl hundertmal richtigstellte, hielt sich das Gerücht hartnaeckig - die Nicas sind Spezialisten für "bolas" (Gerüchte). Sie beeilten sich auch sofort, Bill zu beruhigen, bei den Sandinisten gaebe es keine solchen Sitten wie bei einer degenerierten imperialistischen Armee, sondern es herrsche "compañerismo" (Kameradschaft).

Trotzdem überlegten wir zwei Fusskranken, ob wir nicht einfach dableiben sollten. Zum einen, um den anderen nicht zur Last zu fallen, zum anderen aber auch, weil wir mit dem schwachsinnigen Vorgehen überhaupt nicht einverstanden waren - lieber haetten wir uns in Ruhe kuriert und waeren dann nach Westen, zur Strasse, gegangen, um dort die Guardia zu beunruhigen; dies haette übrigens auch den anderen viel genützt, da der Gegner abgelenkt worden waere.

Man liess aber solche Argumente nicht gelten, schon allein deshalb, weil man keine Kranken und Verwundeten zurücklaesst! Sie haben sich wirklich Mühe gegeben und Bill jeweils zu zweit auf einer Art Gestell einen ganzen Tag lang getragen! Ich ging noch voraus und verzögerte natürlich auch den Marsch. In der Zwischenzeit hatte auch der letzte aus meiner Gruppe mitgekriegt, dass ich kaum laufen konnte. Sie nahmen mich deshalb in die Mitte und als ich nach ein paar Stunden überhaupt nicht mehr weiterkonnte, ein Traeger meines "Rucksackes" abgerissen und das FAL auf den Boden gefallen war, benahm sich vor allem Felipe und spaeter auch Danilo sehr nobel: man nahm mir das Gepaeck ab und suchte mir überdies einen Stock, auf den ich mich stützen konnte. Trotzdem blieb es eine Qual.

Am spaeten Vormittag erreichten wir eine Lichtung mit einem Rancho, wo man uns eine sehr grobe, aber auch schmackhafte Tortilla machte. Mit frischem Mut ging es dann weiter, denn es hiess, zwei Wegstunden weiter sei ein weiterer Bauernhof, der unser Tagesziel sei. Für uns - und vor allem für mich - waren es natürlich weit mehr als zwei Stunden. Nachdem wir schliesslich noch ein Feld mit Malanga (grosse, zwiebelähnliche Knollen, im Geschmack feiner als Kartoffel oder Yuca) geräubert und einen abenteuerlichen Steg überwunden hatten, waren mir am Hof angelangt. Wir wurden jedoch von Domingo gleich wieder weggeschickt, einen nahen Berg hinauf, um mehr Deckung zu haben. Als ich schliesslich oben war, habe ich mich bestimmt erst einmal eine halbe Stunde ausgeruht, ohne mich auch nur einen Deut zu rühren. Beruhigend war nur, dass wir hier auf den ganzen Tross warten sollten und uns hier vor dem Angriff noch einmal einen Tag ausruhen würden. Immerhin, wir waren also in der Naehe von Nueva Guinea.

Region Nueva Guinea

Auf den Sieg der kubanischen Revolution reagierte die Kennedy-Administration zum einen mit militärischen Mitteln (Ausbildung von Anti-Guerrillia- Einheiten in den bedrohten Ländern), zum anderen mit einem zivilen Programm (civic action bzw. acción cívica), das die Lebensumstände vor allem auf dem Lande verbessern sollte. Einige Komponente waren Gesundheitskampagnen, bessere Infrastruktur und andere Aktionen, die den Staat auf dem Lande präsent machen sollten. Eine andere wichtige Komponente war eine Agrarreform, die aber in den wenigsten Fällen konsequent umgesetzt wurde.

Im Falle von Nicaragua bestand sie darin, dass Kleinbauern, die durch die Modernisierung der Landwirtschaft von ihrem Land vertrieben worden waren, umgesiedelt wurden und neues Land erhielten in einem kaum besiedelten Teil des Landes. Die meisten Leute kamen aus der Gegend von León und Chinandega und wurden von der Agrarreformbehörde IAN – Instituto Agrario Nicaragüense in der Gegend von Nueva Guinea (dem einzigen Hauptort) angesiedelt, entweder in „colonias", also Neusiedlungen, oder in Streubesiedelung. Die Bauern schätzten sich als privilegiert ein, da sie von Somoza „viel" Land erhalten hatten – dem Traum jeden Kleinbauerns. Und das, obwohl die sonstigen Umstände meist ziemlich katastrophal waren.

Das politische und soziale System war, wie auch sonst auf dem Lande, aufgebaut auf dem System des „Juez de Mesta" (etwa: Friedensrichter), der eine Art Blockwart war und damit die politische und soziale Kontrolle sicherstellte, auch als Spitzel agierte und auch sonst den Behörden zuarbeitete.

Diese Faktoren sowie die Tatsache, dass es in diesem Gebiet nie eine politische Arbeit und Präsenz der FSLN gegeben hatte, im Gegensatz zum Norden des Landes, waren Faktoren, die für die „Coluna Jacinto Hernàndez" ungünstig waren.

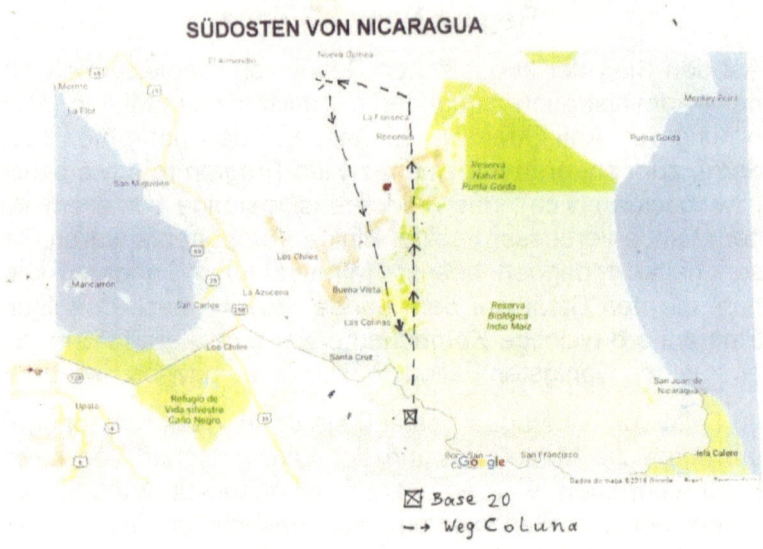

SÜDOSTEN VON NICARAGUA

⊠ Base 20
→ Weg Coluna

Für den 1.Mai wurde der Angriffstermin festgesetzt. Man baute das Funkgerät auf, aber konnte keine Verbindung mit der Base 20 herstellen, trotz einer Antenne ganz oben auf dem Hügel auf dem höchsten Baum. Vielleicht war auch einfach die Batterie leer.

Der Bauer war sehr kooperationsbereit, er verkaufte uns auch ein Schwein und liess uns über sein Maisfeld herfallen, um die Mais-kolben zu braten oder Tortillas zu machen. Beim Weggehen zwei Tage spaeter schloss er sich uns sogar als "Vaqueano" (Führer) an!

In der Zwischenzeit konnte ich sogar meine Wunde so weit hin-kriegen, dass endlich Eiter abfloss und damit der Druck weg war. Damit bereitete es mir auch relativ wenig Mühe, wieder zu gehen.

Ich konnte sogar daran teilnehmen (als einer der ausgeruhten erstangekommenen), die 35 hinkelsteinschweren Mörsergranaten den steilen Berg hochzuschleppen! Die Ochsen, die sie naemlich bisher geschleppt hatten, waren entkraeftet. Man beschloss daher, zumindest einen zu schlachten, zumal auch die Maschinengewehre, die sie zum Teil getragen hatten, nun verteilt wurden. Domingo widersetzte sich, weil ihm die Tiere leid taten, aber schliesslioh musste er sich dem halben Aufstand, den seine Weigerung hervorrief, doch beugen und man schlachtete einen.

Die Vorbereitungen für den Angriff liefen allmaehlich an. Man schickte die Gruppe der "Jaeger" in Zivil voraus, um zu kundschaften (die vier oder fünf Jaeger waren diejenigen, die am besten mit dem Urwald vertraut waren und vorausgingen, um ohne den Laerm der ganzen Horde möglichst den Proviant durch Jagdbeute aufbessern zu konnen). Dazu gehorte neben Carlitos und Felipe (von unserer Gruppe) auch "Chico Garand", ein ehemaliger Nationalgardist, der beim Septemberaufstand in Chinandega zu den Sandinisten übergelaufen war und seitdem in der Südfront eingesetzt war. Wegen seiner militaerischen Kenntnisse und seines quicklebendigen Wesens erwarb er sich allgemeines Vertrauen. Vor allem Ernesto schaetzte ihn sehr und hatte auf seine Teilnahme bei diesem Unternehmen gedraengt.

Bei den zurückgebliebenen wurden die letzten Umgruppierungen vorgenommen (ein sehr beliebtes Spielchen), vor allem aber wurden auch noch grosse Waffentauschaktionen vorgenommen, hauptsaechlich dadurch bedingt, dass jetzt auch die Maschinengewehre verteilt wurden, die bis dahin die Ochsen getragen hatten. Auch unsere Gruppe musste eines übernehmen, da wir bisher keines hatten. Chacalote fragte, wer ein MG 42 bedienen könne - natürlich blieb nur ich übrig. Ich mag zwar keine MGs, aber schliesslich musste ja einer das Ding nehmen. Ausserdem glaubte ich, dass ich das MG effektiver und munitionssparender einsetzen würde als die Nicas - abgesehen von dem angenehmen Nebeneffekt, dass man mit einem MG bei einem Angriff immer etwas weiter vom Objekt weg ist.

Ich liess mich also breitschlagen und übergab das mir fast liebgewordene, gut gepflegte und grün getarnte FAL an Felipe, der bisher neben seiner Panzerfaust nur ein Klein-kalibergewehr hatte. Als ich mein MG abholte, bereute ich meinen Entschluss gleich wieder - mich haette fast der Schlag getroffen, als ich das Ding sah! Es hatte nicht die geringste Aehnlichkeit mit dem einmal relativ gut gepflegten MG, das ich im Lager 20 gesehen hatte. Durch das dauernde Abladen, das wahrscheinlich nicht immer sehr sanft vor sich gegangen war, und den Transport durch den Urwald auf dem Rücken eines Ochsen war es völlig verbogen. So ging z.B. die Klappe für das Rohr überhaupt nicht zu, dagegen liess sich der Deckel nicht öffnen. Ich ging also erst einmal her und beschwerte mich bei Chacalote: ich wollte mein FAL wiederhaben. Das rief aber nicht nur heftigen Gegenspruch bei dem aus, sondern auch bei Felipe.

So musste ich mich also notgedrungen daran machen, "mein" MG herzurichten. Zuerst einmal holte ich das massivste Teil heraus, naemlich das Rohr, und benutzte es als Hammer, um alles einigermassen wieder zurechtzubiegen oder zu zerlegen (es war naemlich noch dazu wahnsinnig eingerostet). Dabei stellte ich noch beilaeufig fest, dass auch das ganze Zubehör (Ersatzrohr und -verschlu8 sowie Werkzeug) fehlten. Nach einem halben Tag Arbeit schliesslich hatte ich das Ding dann so weit, dass es voraussichtlich schiessen würde, auch wenn ich einige Tricks anwenden musste: es fehlten naemlich auch die Federn für die Rohrklappe und den Deckel; die Klappe brauchte ich ja nicht aufzumachen, da sowieso das 2.Rohr fehlte, weshalb ich einfach einen Draht herumband; den Deckel schliesslich musste ich dann immer mit der linken Hand zuhalten, wenn ich schoss: waehrend des Transports legte ich den Gurt so um die ganze Waffe, dass weder der Deckel aufging noch der Gurt verlorenging.

Nun blieb nur noch übrig, uns ordentlich auszuruhen. Ich konnte in den zweieinhalb Tagen meinen Fuss soweit wiederherstellen, dass mir das Gehen keine grösseren Beschwerden mehr machte. In der Zwischenzeit fanden auch grössere Kriegsratssitzungen statt, zu denen eigentlich nur die Gruppenführer und deren Stellvertreter sowie die "Politicos" eingeladen wurden. Da ich aber als Führer der Nachhut (bis dahin) und "stolzer 3.Gruppenführer" auch wissen wollte, was da so gesagt wurde, und schliesslich möglichst noch andere Unsinnigkeiten verhindern wollte, lud ich mich auch ein.

Es wurde ein Monolog von Ernesto über all die kleinen Fehler, die bis dahin gemacht worden sind wie z.B. lagern direkt am Wegrand, Wegwerfaktionen grossen Stils (man haette einen kompletten Zug mit dem ausrüsten können, was da vor allem an persönlicher und medizinischer Ausrüstung jetzt im Urwald lag) etc. Dann der Appell an alle Führer, auf diese Fehler zu achten. Schluss. Keine Diskussionen über die entscheidenden Sachen, vor allem keine Information darüber etwa, wie, wo und wann man angreifen wolle.

Ich war wie vor den Kopf gestossen, dann wütend. Trotz meiner bisherigen Erfahrungen hatte ich immer noch geglaubt, in einer Armee neuen Typs zu sein. Spaetestens an diesem Maienmorgen habe ich diesen Glauben verloren. Es hatte auch keinen Sinn, mit Antolin oder Chacalote zu sprechen, die wussten ja auch nichts. Also entschloss ich mich, zu Domingo zu gehen. Es standen ein paar Leute um ihn herum und er schimpfte und fluchte, wie ich es vorher nie bei ihm gesehen hatte. Das einzige, was ich mitbekam, war, dass ihm einige Sachen fehlten, vor allem jede Menge Geld und Papiere. Ich konnte jetzt kaum mit meinem Anliegen kommen und trollte mich deshalb wieder davon. Am naechsten Tag mussten wir dann alle antreten, wo Ernesto dann erklaerte, es gaebe compañeros, auf die man sich nicht verlassen könne und die sogar stehlen würden. Aber sonst blieb alles ziemlich im Dunkeln. Dann erklaerte er noch, dass die ursprünglichen Plaene nicht eingehalten werden könnten, weil der Feind von uns erfahren haette - welch ein Wunder! dachte ich still bei mir - ausserdem kaeme jetzt sowieso bald der allgemeine Volksaufstand, weshalb es gut sei, dass man nicht mehr direkt nach Norden marschiere, sondern nach Nordwesten, um schon in die Naehe der Staedte zu kommen, über die man im geeigneten Augenblick dann herfallen könne. Da man jetzt in bewohntere Gegenden komme mit weniger Urwald, sei es nötig, oft nachts zu marschieren. Nach dieser "formación" (Antreten), die sehr wenig mit Información zu tun hatte, ging es dann am spaeten Vormittag los. In der Zwischenzeit war durchgesickert, dass die "Jaeger" bei ihren Erkundungen überall "retenes" (Feldposten) der Nationalgarde festgestellt haetten auf unserem voraussichtlichen Weg nach Norden und dass Chico Garand abgehauen sei mit jeder Menge Geld und der Liste aller Teilnehmer an diesem Unternehmen, einschliesslich der Pseudonyme. Im nachhinein stellte sich dies nicht nur als richtig heraus, sondern noch schlimmer: er hatte uns ganz schlicht und einfach verraten! Im übrigen fragte ich mich, warum man so viel Geld im Urwald herumschleppen muss, vor allem aber, warum man eine Liste mit den ganzen Namen mit sich führt?! Der Domingo hatte sowieso kaum etwas in seinem Rucksack, aber diesen Unsinn hatte er drin!

Wir marschierten also wieder, noch langsamer als sonst, obwohl uns jetzt keine Ochsen mehr hinderten, bis wir am Abend bei einem Bauern auf der Lichtung lagerten. Obwohl es schon dunkel war, wurde noch ein Schwein gekauft und geschlachtet sowie ein Riesenfeuer entfacht, um es zu braten - mir wurde ganz schlecht, wenn ich den riesigen Feuerzauber sah. Die Nacht war übel, da man auf der Lichtung natürlich keine Haengematte aufschlagen konnte und es darüberhinaus zu regnen anfing und die Plastikplane liess, da sie nicht aufgespannt war, überall Wasser durch.

Am naechsten Tag ging es dann etwas zügiger voran. Um die Mittagszeit wurde ein junger Mann festgenommen, der sogar zugab, dass er der Sohn eines Juez de Mesta sei, aber natürlich waere er nur ganz zufaellig hier. Man tat ihm nichts und schleppte ihn ab da nur die ganze Zeit mit herum. Am Abend schliesslich kamen wir an einem Feld mit grünen Bananen (Plátanos) vorbei, wo sich jeder ordentlich eindeckte. Nach einem steilen Aufstieg wurde dann das Lager aufgeschlagen. Unsere Gruppe war wieder die zweite, so dass wir auch einen Vorsprung hatten beim Aufbau unserer champas und beim Kochen bzw. Rösten der Bananen. Das Kochen dauerte naemlich bei dem kleinen Feuer ziemlich lange, so dass alle bei ihrem Heisshunger die Bananen auch geschaelt ins Feuer hielten oder gar hineinwarfen wie Kartoffeln, um sie zu braten. Und dann wurden die noch halb- bis dreiviertel-rohen Dinger verschlungen. Allerdings konnte sich mein Magen-/Darmtrakt nicht an diese Sachen gewöhnen und verschlang sich - ich kriegte fürchterliche Bauchschmerzen und legte mich halbtot in meine Haengematte. Die anderen machten sich lustig über mich, vor allem Chacalote, den mit seiner Baerennatur natürlich kaum etwas umwarf.

Mehr aus Aerger als aus Interesse sagte ich ihm, er solle sich besser darum kümmern, dass diese unsinnige Taktik aufgegeben werde, als sich über mich lustig zu machen. Es kam ein sehr interessentes Gespraech zustande und ich merkte, dass auch er sehr unzufieden war. Er stimmte mir in allen Punkten zu und versprach mir, dies bei den obersten drei vorzubringen. Mein Konzept bestand vor allem in einem Abbruch dieses unsinnigen Marsches nach Nordwesten und in einer flaechendeckenden Guerrilla mit jeweils 12 bis 15 Mann starken Gruppen, wobei der Schwerpunkt immer noch auf Nueva Guinea und die Strasse von Acoyapa nach San Carlos sein sollte.

Kämpfe

Gerade als wir so schön einig waren, ging auf einmal eine wilde Schiesserei los, nicht weit von uns entfernt, einige der Kugeln strichen unmittelbar über uns hinweg. Für mich war das ein völlig neues Gefühl, dass jemand auf mich schoss. Die Zeiten der Schiessbahn und des Truppenübungsplatzes waren vorbei! Flugs fand ich mich auf dem Boden wieder und neben einem Baum, auf der anderen Seite war Porfirio. Ich holte im Liegen mein MG heran und machte es feuerbereit. Chacalote kam nun auch wieder zurück und befahl den Abbau und das Abrücken. Erst als ich meine

Haengematte schon in der Hand hielt, fiel mir wieder ein, dass ich eigentlich ein schlimmes Bauchweh haben müsste - das war aber weg!

Einige von uns feuerten wild darauf los, es hielten sie auch keine wütenden Befehle von Chacalote und anderen, natürlich auch von mir, davon ab. Hinter uns organisierten Ernesto und Rosendo den Abzug, wobei die Narren zuerst fast wieder ein Antreten befahlen, bevor die einzelnen Gruppen abrückten - wenn da eine Granate reingesaust waere! Glücklicherweise war unsere Gruppe nicht dabei, da wir den Rückzug decken sollten. Was war überhaupt geschehen?

Wir glaubten, dass einige von uns auf Erkundung vielleicht auf die Guardia gestossen waeren. Im nachhinein stellte sich allerdings heraus, dass die letzten zwei Gruppen, die sich zu diesem Zeitpunkt immer noch auf dem Marsch befanden, von der Nationalgarde überrascht wurden, die nachrückte, dies aber anscheinend zu schnell getan hatte. Es war ein ganz schönes Gefecht mit allem drum und dran, einschliesslich Granatexplosionen! Schliesslich erhielten auch wir den Befehl zum Rückzug. Als wir schon einige Minuten marschiert waren, wurde durchgegeben, dass alle MG-Schützen zurück zu Chacalote sollten. Also machte ich wieder kehrt und trollte mich nach hinten. Mich fing schliesslich Amilcar ab und erklaerte mir, wir müssten einen retén (Feldposten) aufbauen und wir waeren der aeusserste linke Flügel. Auf meine Frage, warum wir denn noch lange da blieben, erhielt ich die einleuchtende Antwort, das sei so befohlen. Punkt. Dann wollte er mich in eine Senke hineinlegen, wo ich überhaupt nichts gesehen haette, mit null Waffenwirkung. Ich habe protestiert und nach dem Kompromiss einer Hinterhangstellung sogar noch erreicht, eine

Kammlage zu bekommen, obwohl es angeblich dort oben viel gefaehrlich gewesen sei. Naja, viel habe ich dort auch nicht gesehen, denn vor mir lag direkt die Bananenpflanzung. Da lagen wir nun, das Gefecht liess nach, schliesslich gab es nur mehr einzelne Schüsse, hauptsaechlich von der Guardia (man hörte das am helleren Klang der M16 und Galil), dann wurde alles ruhig - und wir lagen immer noch da. Das widerstrebte all dem, was ich über Jagdkampf und Guerrilla theoretisch und praktisch gelernt hatte. Deshalb regte ich an, doch abzuhauen, ein entdeckter Guerrillero kann nichts schleuniger tun als davonlaufen, soweit die Füsse tragen! Amilcar lehnte dies ab und sah mich wohl wie die anderen auch als Feigling an. Mir war das egal. Ich wollte meinen Standpunkt durchsetzen und forderte, dass man Chacalote hole. Aber er war angeblich nicht zu erreichen. In der Zwischenzeit war es auch stockdunkel geworden. Irgendwann schliesslich kam dann der Befehl, wir könnten uns sammmeln und abrücken, die letzten beiden Gruppen von "Pico" und "Garañón" seien eingetroffen - jetzt erst verstand ich die Massnahme, einen Feldposten zu errichten! Auf der anderen Seite hatten wir trotz relativ lauten Rufens den Kontakt zu Chacalote und seinen Leuten verloren und die drei Gruppenführer beschlossen, abzurücken und zum Gros der Truppe sich durchzuschlagen. Nun war aber stockdunkle Nacht und guter Rat teuer, da auch keiner wusste, wo das Gros der Leute war. Als ich ihnen sagte, dass ich sie zumindest bis zu dem Punkt führen könne, wo ich schon vorher war, atmeten sie sichtlich erleichtert auf. Nun lernte ich eine neue Art kennen, wie man sich auch trotz dunkelster Nacht auf dem Marsch nicht verliert: man stellt sich in Reihe auf und jeder packt seine Vordermann mit einer Hand an der Schulter, es wurde, wie sie sagten, ein "Tren" (Zug) gebildet. Das Problem bei dem ganzen war nur, dass es durch dichtestes Unterholz ging, denn in der Dunkelheit konnte ich natürlich schlecht den Weg finden, sondern nur die

Richtung einhalten; die andere Schwierigkeit war meine Trageweise des MGs, d.h. schön nach deutscher Heeresvorschrift, obwohl ich diese eigentlich verabscheute - aber es gab keine andere Möglichkeit als es auf der Schulter zu tragen, da ich keinen Trageriemen hatte. Das war natürlich für den Nachfolger im Zug fatal, da er mit schöner Regelmaessigkeit den Lauf meines MGs ins Gesicht bekam. Da ich als erster beide Haende frei hatte, versuchte ich es teilweise, indem ich das MG in die Haende nahm, das Übel zu mildern, aber schon nach kurzer Zeit musste ich meine Trageweise wieder aendern, sonst waeren mir die Finger abgefallen. Nachdem wir so mit viel Schimpfen, Beschwernissen und noch mehr Pausen durch das Unterholz geastet waren, kamen wir endlich mehr oder weniger wieder an der Stelle auf einen grösseren Weg, wo ich zurückgeholt worden war. Nun ging das ganze aber erst richtig los!

Es entbrannte naemlich ein heftiger Streit darüber, was gemacht werden sollte. Ich war dafür, dem Weg zu folgen, so weit es nachts ging, um Anschluss an den Rest zu bekommen und die unglückselige Staette möglichst weit hinter uns zu bringen. Die meisten anderen aber hatten Angst, das man gerade auf diesem relativ breitem Weg auf Guardia stossen könne und waren dafür, erst einmal da, wo man gerade war, die Nacht zu verbringen. Auch meine Argumente, dass ja hier auch die Guardia vorbeikommen könne und dass man einen zeitlichen Vorsprung einfach aufgebe und dass es morgen hier von Guardias und Hubschraubern und Flugzeugen nur so wimmeln werde, überzeugte nicht. Schliesslich führte ich als meinen letzten Trumpf noch an, wie man auf der ganzen Welt Guerrillabekaempfung mache: man sucht Kontakt zu ihr, danach kreist man mit überlegenen Kraeften das ganze Gebiet ein. Ich fügte hinzu, dass die Guardia es bestimmt auch nicht anders machen werde wie ihre amerikanischen und israelischen

Lehrmeister. Das sass. Sie waren sich aber nicht schlüssig. Schliesslich wurde angeregt, man solle die Entscheidung dem Garañón überlassen, der habe schliesslich trotz seiner Jugend schon sieben Jahre Erfahrung in Guerrilla. Der schlug als Kompromiss dann vor, man solle sich wenigstens nicht direkt auf dem Weg aufhalten, sondern sich seitwaerts in die Büsche schlagen. Nach langer Diskussion über die Richtung einigte man sich auf eine, ich sollte wieder führen, lehnte dies aber ab, da dies nicht mein Vorschlag war. Also führte Amilcar. Nach einem etwa zehnminütigem Umherstolpern im Gebüsch, bei dem ich immer wieder sagte: geradeaus, nicht rechts! gelangten wir fast zur gleichen Stelle wieder zurück. Also übernahm ich trotz meiner Bedenken wieder die Führung, um nicht noch mehr Ehrenrunden zu drehen. Als wir nach ungefaehr 200 Metern eine Senkung erreichten, machten wir halt und verbrachten den Rest der Nacht, so gut es eben ging.

Schon am frühen Morgen machten wir uns dann wieder Richtung Weg auf und trafen dort auch auf einen Suchtrupp des Gros', der nicht nur uns, sondern auch die Leute von Chacalote und Antolin fand, die auch verloren gegangen waren bzw. die ganze Nacht auf Feldposten gelegen hatten und die Ankunft der fehlenden zwei Gruppen nicht mitgekriegt hatten. Kurz danach trafen wir wieder auf den Hauptteil, wo ich sofort wieder zu meiner ursprünglichen Gruppe zurückkehrte. Dann gings weiter durch relativ offenes Feld. Mir hatten in der Zwischenzeit ja den einen Bauern, bei dem wir Rast gemacht hatten, als "vaqueano" (Führer") bei uns, der uns wirklich sehr gut führte. Das einzige, was ich an ihm nicht mochte, war, dass er mein FAL, mein schönes, leichtes, getarntes Gewehr bekommen hatte, waehrend ich dieses verfluchte MG genommen hatte, das nicht nur deswegen unbequem war, weil es

schwer und unhandlich war, sondern auch weil die dazuge-
hörende Munition (Gurte) sowohl in der Waffe als auch im Gepaeck sehr unbequem war.

Ab diesem Zeitpunkt kamen ungefaehr 20 Tage des Umhermar-
schierens, um nicht zu sagen Umherherirrens, des Hungerns und
der staendigen Gefahr, die ich nicht mehr exakt zeitlich ordnen
kann. Was jetzt kommt, sind mehr unzusammenhaengende Episoden als eine schlüssige Erzaehlung.

Bis auf den Tag nach dem ersten Gefecht wurde versucht, jetzt
auch nachts zu marschieren, soweit es die Lage und das Licht
erlaubten. Ziemlich in den ersten Tagen mussten wir nachts eine
Steigung hoch, die von Vieh so verschlammt gemacht worden
war, dass man buchstaeblich bis zum Knöchel und zum Knie ein-
sank. Da ich immer noch als einer der wenigen die Gummistiefel
anhatte, zog es mir ein paarmal sogar die Stiefel aus. Da wir den
ganzen Tag und die halbe Nacht marschiert waren, stürzten wir
schliesslich alle auf einen bewaldeten Hügel zu, um dort zu übernachten. Die übrige Gegend war relativ waldfrei, wie man am anderen Morgen feststellen konnte. Da es ab und zu auch schon
einige Flugzeuge am Himmel gab und ein Bauernhof in der Naehe
war, bei dem man Essen kochen konnte, wurde beschlossen, den
Tag auf dem Hügel zu verbringen, ein bisschen was zu essen und
endlich einmal wieder anstaendig die Waffen zu reinigen. Sie hatten es wahrlich nötig!

Also fing ich an, mein MG 42 zu zerlegen und mit einer noch nie
dagewesenen Gründlichkeit das alte Ding zu reinigen, denn ich

war mir ziemlich sicher, dass ich es bald brauchen würde. Plötzlich fiel ein Schuss. Alles fing an, sich für den Kampf oder zumindest für den Abmarsch vorzubereiten. Und ich stand da mit meinem vollstaendig zerlegten Maschinengewehr und mit auf dem Boden ausgebreiteten Gurten, da ich auch die von Rost reinigen wollte. Hastig fing ich an, zumindest das MG zusammenzubauen, wobei es - wie immer, wenn man es nicht brauchen kann - eine Menge Schwierigkeiten gab. Dies war nicht nur auf die Aufregung zurückzuführen, sondern auch auf den schlechten Zustand der Waffe: so wollte z.B. die verdammte Rohrführungshülse - sowieso immer ein Problem - partout nicht auf ihren Platz vor. Andererseits konnten die anderen mir dabei auch nicht helfen, da sie das MG 42 nicht kannten. Als ich endlich so weit war, dass auch ich abmarschbereit war (die anderen warteten natürlich schon ungeduldig), wurde uns gesagt, wir würden nicht abhauen, es gaebe keinen Feind, sicherlich sei einem beim Waffenreinigen ein Schuss rausgegangen. Naja...

Also setzte ich mich wieder hin und setzte meinen Reinigungsplan fort, war dieses Mal aber sehr viel vorsichtiger und baute nur jeweils ein Teil aus. Erst kurz vor dem Dunkelwerden setzen wir den Marsch fort, was auch ohne Schwierigkeiten vor sich ging, da es sich um einen breiten Weg handelte. Am darauffolgenden Tag gegen 9 Uhr erreichten wir eine grössere Hacienda an einem Fluss. Dort machten wir halt. Es wurde ein Rind gekauft und geschlachtet, waehrend der Rest entweder sicherte oder badete. Die Stimmung stieg in seit langem nicht mehr gekanntem Masse, auch mir gefiel es ausnehmend gut, wieder einmal mehr zwischen den Zaehnen zu haben als nur ein paar Löffel Zucker oder irgendwas halb essbares aus dem Wald. Es waren zwar am Schluss für jeden nur ein paar Fleischstückchen, wobei noch die Haelfte für spaeter aufgehoben werden musste, aber immerhin! Das einzige, was mir dabei nicht gefiel, war der lange Aufenthalt! Und noch eines haette mir nicht gefallen sollen, naemlich die Plauderei der eigenen Leute: wie ich naemlich nach dem Krieg vom damaligen Geschäftsträger der deutschen Botschaft erfuhr, hatten die Compas den Leuten der Hacienda erzaehlt, dass auch ein Deutscher mit dem Namen Lobo mit dabei sei - und der Besitzer der Hacienda war Deutscher, der dies natürlich sofort weitererzaehlte, wahrscheinlich nicht nur an die Botschaft...

Nachmittags rückten wir dann wieder ab, ebenfalls auf einem breitem, guten Weg. Nach ungefaehr einer Stunde hörten wir Detonationen, zwar weit weg in unserem Rücken, aber immerhin alarmierte dies alle. Sicherlich griffen sie aus der Luft die Hacienda an. Nach kurzer Zeit mussten sie gemerkt haben, dass da wohl keiner von uns mehr war, und die Detonationen kamen naeher. Trotz des relativ breiten Weges waren wir durch ein dichtes überhaengendes Laubwerk gegen Sicht von oben geschützt, so dass auch eine naeherkommende Bombardierung immer ziellos sein musste. Dies hielt jedoch viele nicht davon ab, in Panik auszubrechen und aus der Marschformation auszuscheren, um laengs des Wegs Zuflucht zu suchen. Nur das beharrliche Zureden der Führer konnte sie wieder dazu bewegen, weiterzumarschieren. Angeblich waren wir am Abend nur mehr wenige Kilometer von einer grösseren Siedlung entfernt, wo bestimmt Guardia war. So mussten wir schliesslich bei dem ersten Haus, auf das wir stiessen und in dem Licht brannte, vom Wege abweichen und uns nachts durch die Büsche schlagen. Wenn dies schon für uns vor einigen Tagen schwierig war, wo wir nur etwa 25-30 waren, so kann man sich vorstellen, wie dies vor sich ging, wenn man fünf Mal so viele Leute zu koordinieren hat, vom Pferd gar nicht zu sprechen.

Ab diesem Zeitpunkt kann man nicht mehr von geregeltem, planvollem Marsch sprechen, sondern es war ein staendiges Ausweichen vor Ortschaften und vor der Guardia oder angeblicher Guardia. Es wurde tagsüber marschiert, vor allem im weniger übersichtlichen Gelaende und auf kleinen Wegen, und es wurde nachts marschiert, bis es vor Erschöpfung wirklich nicht mehr ging. Obwohl noch alle ihre Haengematten und Planen dabeihatten, wurden diese nicht mehr aufgespannt, sondern es wurde auf dem Boden geschlafen, meistens sogar im Sitzen mit dem (Ruck)-Sack auf dem Rücken und angezogenen Schuhen oder Stiefeln.

Da ich noch lange Gummistiefel trug und man die schnell an- und ausziehen konnte, leistete ich mir den Luxus, zumindest meine Füsse ausdünsten zu lassen und sie mir mit den Haenden ab- und trockenzureiben. So bekam ich nie Schwierigkeiten wie die anderen mit Blasen, Pilzbefall etc. Allerdings waere mir dabei fast einmal ein Stiefel abhanden gekommen, da ich beim Schlafen allmaehlich einen Hang hinunterrutschte und am naechsten frühen Morgen in der Dunkelheit einen der Gummistiefel fast nicht mehr fand.

Neben der Guardia wurde der Hunger das Problem Nummer eins. Zwar liess er nach, wenn man drei Tage nichts mehr gegessen hatte, aber schwaecher wurde man trotzdem. Ausserdem genügte schon die Einnahme von einer Vitamintablette, um ihn maechtiger als je zu machen. Deshalb wurde ab und zu versucht, Lebensmittel bzw. fertiges Essen zu organisieren bei Bauernhöfen, auf die wir stiessen. Dabei musste man natürlich sehr vorsichtig zu Werke gehen, denn überall konnte die Guardia sein. Sie hatte auch bestimmt alle Bauern evakuiert und alle Lebensmittel weggebracht, denn fast alle Höfe waren verlassen und ohne Vorraete. Nach Tagen schliesslich stiessen wir auf einen, der zwar ebenso verlassen war, wo aber noch etwas vorhanden war, so dass einige daran gingen zu kochen, waehrend der Rest laengs des kleinen Weges lagerte. Unsere Gruppe war zu diesem Zeitpunkt dritte in der Marschordnung, so dass wir auch keinen Einblick auf die Lichtung hatten, sondern den Weg dazu sichern sollten. Dazu baute unser Gruppenführer, Porfirio, einen Hinterhalt auf. Dies tat er, indem er schlicht und einfach die Leute in der Reihenfolge des Marsches ein kleines Stückchen weg vom Pfad legte. Ich mit meinem MG lag mitten unter den anderen wie ein Gewehrschütze - der gute Porfirio hatte zwar an der Erstürmung des Nationalpalastes teilgenommen und war angeblich auch sehr tapfer, aber von einem Hinterhalt und dem Einsatz eines MGs hatte er nicht die leiseste Ahnung!

Ich atmete tief durch, um nicht ausfaellig zu werden, und versuchte, möglichst freundlich zu erklaeren, welche Vor-und Nachteile ein MG habe und welche Formen es gebe, einen Hinterhalt aufzubauen. Ich empfahl ihm schliesslich, auf dem Weg einen L-förmigen Hinterhalt zu legen und das MG da hinzutun, wo es aufgrund seiner grossen Feuerkraft und seiner geringen Beweglichkeit hingehört, naemlich am Kopf des Hinterhalts, wo es entlang des ganzen Weges wirken kann. Das sah er auch nach einigem Murren ein und verlegte mich entsprechend. In einem nahegelegenen Bach füllten gerade einige Mitglieder der Gruppe ihre Feldflaschen auf, als plötzlich zuerst einige wenige Einzelschüsse und danach ein wahrer Kugelhagel zu hören war. Als erster stürzte Chacalote an uns vorbei in Richtung Lichtung, kurz darauf kam er zurück und befahl, dass alle vorrücken sollten.

Was war geschehen? Wie mir Rufino, der Führer der ersten Gruppe zu dem Zeitpunkt, spaeter erzaehlte, hatte er den Befehl erhalten, das Haus zu inspizieren und, da Bohnen und Mais vorhanden waren, etwas zu kochen. Dies tat vor allem Freddy („Chicha"), der angeblich davon in seiner Gruppe am meisten verstand. Die anderen sicherten in der Umgebung. Um sich zu vergewissern, ging Rufino den Pfad, der auf der anderen Seite der Lichtung weiterführte, etwas entlang, wobei er auf eine Patrouille der Guardia stiess. Geistesgegenwaertig schoss er den ersten nieder, auch den zweiten, aber es wurden immer mehr, so dass er sich zurückzog; auch die anderen Mitglieder seiner Gruppe taten dies, bis sie merkten, dass Chicha nicht dabei war; die Hütte war ihm zur Falle geworden. Er verteidigte sich zwar wie ein Löwe, seine Schüsse waren noch lange zu hören, man hatte auch zeitweise noch die Hoffnung, dass es ihm doch gelungen sein müsste, aus der Hütte zu fliehen und dass er vom nahen Waldrand aus schiesse, aber dem war nicht so. Keiner hat Chicha fallen sehen, aber seine dunkle Ahnung vor dem Abmarsch aus dem Lager 20 hatte sich bewahrheitet: wie hatte Chacalote zu ihm gesagt: keine Sorge, wenn Du Dich immer nahe bei mir aufhaeltst, passiert Dir schon nichts... Chacalote war zu diesem Zeitpunkt etwas weiter weg von ihm!

Er befand sich auf der anderen Seite der Lichtung an einer Wegekreuzung in lebhafter Diskussion mit Antolin, der die zweite Gruppe befehligte, spaeter kamen auch noch Ernesto und Rosendo dazu. Antolin draengte dazu, vorzugehen; die Guardia habe mehrere Leute verloren und jetzt gelte es, die Waffen und die Munition der Gefallenen zu erbeuten (das war natürlich völliger Unsinn: wir hatten schon genug zu schleppen mit unseren eigenen Sachen!). Die anderen überlegten eher, ob es Sinn haette, den Kampf aufzunehmen oder sich zurückkzuziehen. Nachdem auch Rufino dazukam und sagte, es handle sich nur um einige wenige ("unos cuantos jodidos"), wurde beschlossen, man werde kaempfen, wobei man vor allem rechts am Waldrand in Stellung gehen wolle, da dies naeher für alle sei. Antolin wurde frontal eingesetzt, unsere Gruppe sollte als linke Flankensicherung entlang eines Weges einen Hinterhalt aufbauen.

Wir rückten auf dem Weg noch etwa 100 Meter vor und organisierten den Hinterhalt. Porfirio hatte seine Lektion gelernt! Er setzte uns genau wieder so ein wie noch eine Stunde vorher erklaert. Auf diesem breiten Weg hatte ich mit dem MG noch bessere Wirkungsmöglichkeiten. Ausserdem war ich entschlossen, den Feind so weit heranzulassen, bis man das sprichwörtliche Weisse im Auge sehen konnte. Dazu musste natürlich meine Waffe auch wirklich beim ersten Schuss funktionieren, sonst war ich verloren. Ich überprüfte also auf das genaueste das Ding und hielt auch immer schön die linke Hand auf den Deckel. Aber es passierte nichts bei uns.

Umso mehr dagegen bei den anderen. Es war eine Schiesserei, wie ich sie nie zuvor gehört hatte, nicht einmal bei einem Bataillonsgefechtschiessen auf dem Truppenübungsplatz Hohenfels. Es waren aber bei der Guardia nicht nur ein paar, sondern wie sich dann rausstellte, sehr viele Soldaten, wohl mehr als 60. Die Guardia hat seit den Zeiten der Marines ihre Patrouillen in der Stärke von 23 Mann organisiert (je 2 Gruppen von 10 Mann, 1 MG-Trupp von 2 Mann plus der Patrouillenführer). Da die Guardia bei dem Gefecht 3 MGs (Browning 0.30 und MaG) einsetzte, gingen unsere Führer davon aus, dass es drei Patrouillen waren, also insgesamt 69 Mann, bei diesem unserem grössten Gefecht, an einem Ort, der Caño Negro hiess.

Und es war nicht nur die Schiesserei, die Laerm erzeugte, sondern auch die Guardias und Compas, die sich gegenseitig jede Menge Parolen und Flüche an den Kopf warfen. Das ging los mit dem "patria libre o morir" über "la marcha hacia la victoria no se detiene" bis hin zu "que muera Somoza" etc., was von den Guardias mit "Viva Somoza", "hijueputas sandinocomunistas" und aehnlichem beantwortet wurde. Ein einziges Geschrei, das zur eigenen Animierung und zum angeblichen Einschüchtern des Gegners diente. Meiner Meinung diente es aber vor allem zur Ablenkung, zumindest für uns war es zum Teil witzig, da wir nur zur Zuhörerrolle verdammt waren.

Man konnte sehr genau zwischen den dumpfen Knallen unserer FAL und den hellen Feuerstössen, mit peitschendem Knall, der Waffen der Nationalgardisten (M-16 und vor allem Galil mit der kleinen .223-Munition) unterscheiden, schwieriger dagegen war dies mit den etwa 10 MGs, die im Einsatz waren, da es zum Teil die gleichen Modelle auf beiden Seiten (MaG und Browning .30), zumindest aber eine aehnliche Munition waren. Das andere MG 42 von uns hörte man aber dadurch heraus, dass es viel schneller schoss als die anderen: man hörte keine einzelnen Schüsse mehr, sondern nur ein langgezogenes Getöse, das durch den Urwald nur noch verstaerkt wurde.

Ich weiss nicht, wie lange wir so dortlagen, denn natürlich verliert man nach einer Weile die Zeitvorstellung, wenn man keine Uhr dabei hat. Nach einer guten Weile allerdings liess das unwahrscheinliche Geballere etwas nach. Auch die unseren hatten bestimmt jede Menge Munition verbraucht - jetzt wusste ich auch, warum jeder fast 300 Schuss mit sich rumschleppte! Bei der Guardia konnte ich es zumindest verstehen, dass sie nur Feuerstösse schossen (und das nicht zu wenig): sie hatten schliesslich hauptsaechlich Galils mit 35- und 50-Schussmagazinen und einem Rohr, das auch mehrere hundert Schuss in kurzer Zeit klaglos vertrug, dazu 14 volle 35-Schuss-Magazine im Koppeltragegestell und jede Menge lose Patronen im Rucksack, insgesamt fast 1000 Schuss! Ausserdem hatten sie kaum Schwierigkeiten mit dem Nachschub.

Der eigentliche Grund für das Nachlassen des Geballeres war aber, dass man an einen toten Punkt des Gefechts angekommen war und jeder versuchte, umzugruppieren. Durch den geringeren Laerm hörte man jetzt auch besser das Flugzeug (Kleinflugzeug Typ Cessna, zur Führung und Aufklärung), das schon seit geraumer Zeit staendig über dem Ort des Geschehens kreiste, und das Knattern eines kleineren Hubschraubers, wahrscheinlich einer Alouette. Vor allem letzterer flog immer tiefer, so dass sich die Compas auch daranmachten, massiv auf ihn und auf das Flugzeug zu schiessen. Nach einem weiteren Überflug des Hubschraubers und einem wahren Höllenkonzert von Maschinengewehren und automatischen Waffen stotterte der Motor des Hubschraubers. Er flog zwar noch weiter, kurz darauf hörte man aber einen grösseren Knall, der von einem wahrem Aufheulen vor Freude von seiten der Compas begleitet wurde. Sicherlich war er abgestürzt oder zumindest stark beschädigt. Ab diesem Zeitpunkt flog auch das Flugzeug wieder in respektvoller Höhe.

Etwa zu diesem Zeitpunkt war die Umgruppierung in vollem Gange. Zu diesem Zweck wollten auch Rufino und einige seiner Leute an uns vorbei, um den Feind von links anzugreifen. Das natürlichste waere gewesen, dass man uns damit beauftragt haette, aber so blieben wir weiter untaetig liegen. Das einzige, was wir tun konnten, war, die anderen darauf hinzuweisen, dass sie sich anstaendig zurückmeldeten, damit sie nicht von uns angeschossen würden, wenn sie zurückwichen. Das taten sie natürlich nicht, sondern hetzten nach einem kurzem Feuerwechsel einfach über den Weg, so dass sie zwar nicht von mir, der ich weit entfernt war, sehr wohl aber beinahe von den Chinandeganos angeschossen worden waeren, die ganz am anderen Ende lagen. Sie erzaehlten auch ganz aufgeregt, dass sie auf dem Weg auf Guardias gestossen waeren und dass die sicher bald bei uns auftauchen würden. Also konzentrierten wir uns noch mehr und sicherlich spielten die anderen wie ich auch ihre Rolle noch einmal durch. Aber die Guardias hatten nach diesem Aufeinandertreffen wohl die Lust am Vorrücken verloren, so dass wir wiederum nicht zum Zuge kamen. Kurz darauf kam jemand und erklaerte uns, dass wir bald abrücken würden, wir waeren allerdings mit die letzten und würden den Rückzug decken.

Nach einer Weile zogen dann auch wir von dannen, ohne jeden Zwischenfall. Einige Meter hatten wir gerade hinter uns, als aufgeregt einer der Compas kam und fragte, ob wir einen Spaten haetten, was mir verneinten, worauf er verzweifelt wieder davonhastete - warum, wurde uns schnell klar: nur wenige hundert Meter vom Kampffeld entfernt kamen wir an einem frisch ausgehobenen Loch von 180x40cm vorbei, das kaum 30 cm tief war - und in dem einer der unsrigen lag! Ich kannte ihn kaum, man sagte mir, es sei "Tortuguita", ein Panameño. Da keine Werkzeuge ausser den Macheten vorhanden waren, wurde er praktisch nur oberflaechlich verscharrt. Nachdem wir dieses wenig erhebende Begraebnis durch seine Kameraden gedeckt hatten, trollten auch wir von dannen, den anderen hinterdrein. Die erste hautnahe Begegnung mit dem Tode, die mir aber nicht so zu Herzen ging, da ich den Compa ja kaum kannte, er war erst einige Tage vor dem Abmarsch in die Base 20 gekommen.

Schnell erreichten wir den Hauptteil der Truppe, nicht weil sie vor Erschöpfung vom Kampf so langsam marschiert waeren, sondern das Tragen von zwei Verwundeten hielt sie sehr auf. Sie lagen in Haengematten, die an einem Staemmchen festgebunden waren, das wiederum von zwei Leuten getragen wurde. Es war nicht nur das Gewicht, sondern auch das starke Schaukeln, das die ganze Angelegenheit so beschwerlich machte - auch für die Verwundeten. Da sie nicht allzusehr verletzt waren, zogen sie es denn auch bald vor, selber auf andere gestützt zu gehen. Der eine hatte einen kraeftigen Streifschuss quer über den Hintern (El Mono, der Affe), der andere zwei Durchschüsse in den Schultern links und rechts vom Hals - welch ein Glück! Beide waren von der Gruppe von Antolin, die deshalb auch das Pferd erhalten hatte, um entweder Klamotten oder einen Verwundeten zu tragen. Ich sprach Antolin darauf an, warum gerade er 2 Verwundete in seiner Gruppe habe. Darauf entgegnete er mir nur unwirsch, die Verwundeten seien das wenigste - drei Tote haette er! Da musste ich erst einmal schlucken, vor allem, weil ich die Leute von ihm ja alle gut kannte. Mich überkam richtig das Schaudern, das ging mir schon sehr viel naeher als vorhin. Nach einer Weile fragte ich ganz kleinlaut, wer denn ... Als ich die Namen hörte, kamen mir die Traenen in die Augen - ausgerechnet die, die ich am ersten kennengelernt hatte: der eine, den ich am Vorposten der Base 20 kennen- und dann auf dem Marsch als echten Kameraden schaetzengelernt hatte (Rubén); der andere war auch beim "Empfangskomitee" mit dabei, der dritte, Rafael, war der grosse Viehtreiber. Der einzige von den Vieren, die ich ganz am Anfang kennengelernt hatte und noch am Leben war, war Carlitos, weil er bei uns war. Wortlos ging ich eine ganze Weile neben Antolin her, bis ich den Mut fand und fragte: "wie kam das?" "Sie waren zu eifrig und haben sich auf die freie Plaine rausgewagt, dort hat sie ein Scharfschütze erwischt". Da erinnerte ich mich, dass vor dem Kampf Antolin ganz aufgeregt war und immer wieder darauf gedraengt hatte, Waffen zu erobern. Dieser Eifer hatte sich bestimmt auf die Gefallenen übertragen, oder hatte er sie etwa gar hinausgeschickt? Befehlen, sinnlose Befehle durchsetzen, das konnte er ja, das hatte er bei der Formalausbildung im Lager schon bewiesen. Ich schaute ihn von der Seite an, er kam mir trotz seiner Dicke und seines gutmütigen Gesichts auf einmal unheimlich war, so dass ich mich wieder zu meiner Gruppe zurückfallen liess.

Wenn ich gewusst hätte damals, warum dieser Antolin in diese Kolonne strafversetzt worden war, haette ich wahrscheinlich jeden Kontakt mit ihm abgebrochen. So aber grübelte ich vor mich hin und versuchte, das Geschehene zu analysieren, nur unterbrochen von misstrauischem Zurückblicken, ob denn nicht der Feind uns verfolgen würde.

Nach einiger Zeit kamen wir an ein paar Häusern vorbei, wo Rast gemacht wurde, vor allem, um die Verwundeten zu versorgen. Es war nicht gerade ein geeigneter Ort, überall nur Weiden, so dass uns das Flugzeug über uns leicht ausmachen konnte. Da nun mal aber der Befehl gegeben worden war, musste man das Beste draus machen. So bestand ich darauf, dass wir zur Rundumsicherung auf den Hügel hochkletterten, um eine bessere Aussicht und Wirkungsmöglichkeit zu haben. Felipe, auch vorsichtig geworden, verlangte, dass zumindest die in seiner naeheren Umgebung in der Marschordnung die RPG-Granaten aus den Saecken holten und vorne am Bauch am Koppeltragegestell übergabebereit trugen. Ich war ehrlich gesagt nicht ganz einverstanden damit, da ich damit neben den übrigen tausend Sachen noch so ein Ding rumbaumeln hatte und ausserdem nicht den Sinn von so einer Panzerfaust im Kampf auf der freien Ebene einsah; aber was sollte ich machen, ich holte die Granate auch heraus und montierte sie, liess allerdings den Detonator draussen, aus Sicherheitsgründen, und steckte ihn in meine linke Brusttasche. Nach relativ kurzer Zeit schon allerdings marschierten wir weiter, wir mussten also vom Hügel wieder runter und die anderen schimpften natürlich auf mich wegen der unnötigen Plackerei.

Am spaeten Nachmittag - wir waren in der Marschordnung wieder an dritter Stelle - stiegen wir wieder einen Hang hoch, diesmal sehr langgestreckt. Bei einem kurzem Verschnaufen drehte ich mich um und schaute zurück - ein überwaeltigender Anblick! Eine unendlich lange Schlange von dunkelgrünen Gestalten wand sich den Hang hoch oder war noch unten in der Ebene, die letzten verschwommen fast. Wenn man weiss, dass wir noch 124 Leute waren, jeweils durch 8 — 10 m Abstand getrennt, so war der Zug gut einen ganzen Kilometer lang, ich konnte das zum ersten Mal auch so richtig sehen — eine ganz schöne Macht! Ich war zum ersten Mal versucht, den drei Führern zu glauben, dass es doch vielleicht günstiger waere, zusammenzubleiben, nach dem alten Gewerkschaftsmotto "gemeinsam sind wir stark". Auch wenn ich diese These sehr schnell aus den schon angeführten Gründen wieder verwarf: ein erhebendes Gefühl vermittelte dieser Anblick doch!

Doch wir mussten weiter, weg von der Guardia, das hatten alle begriffen, auch wenn so eine Art Siegesstimmung aufkam, weil die Guardia angeblich bei dem Gefecht zwischen 35 und 40 Mann (Tote und Verwundete) verloren hatte. Ich wollte es erst gar nicht

glauben, aber als es mir ganz ernsthaft eine Reihe von glaubwür-
digen Leuten versicherte, ging auch ich davon aus - das konnte
allerdings für mich nicht verwischen, dass es bei uns vier Tote
gegeben hatte. Kurz darauf gab es mehr Gelegenheit, darüber zu
reden. Ohne Rücksicht auf Verluste wurde naemlich beim naechsten Bauern angehalten, ein Rind gekauft und geschlachtet und
sofort an mehreren Feuern (!) gebraten. Das dauerte natürlich
seine Zeit, die ich hauptsaechlich mit Chacalote und Antolin verbrachte. Ich eröffnete die Unterredung mit der Bemerkung, man
müsse die Umstaende beim Tod der Kameraden genau untersuchen, um für spaeter zu lernen. Anstatt richtig zu antworten, blieben die anderen ziemlich einsilbig, bis auf mein mehrmaliges
Nachhaken Chacalote ziemlich schroff sagte, dass Tortuguita
selbst schuld sei, wie komme er dazu, mitten im Kampf, stehend,
Parolen zu schreien, noch dazu einen Maiskolben kauend; und
die anderen seien auch durch eine Riesendummheit umgekommen, indem sie sich aufs freie Feld gewagt haetten. Naja, da war
ich bedient, das musste ich erst einmal verdauen. Also durch ein-
fache, nicht zu entschuldigende Fehler sind sie gefallen, immerhin
- es bestaetigte sich einmal mehr das, was man mir beim Bund
beigebracht hatte, von wegen gefechtsmaessiges Verhalten und
so; es steckte dahinter halt doch die Erfahrung von mehreren Kriegen, davon zwei Weltkriegen...

Gegessen wurde nicht lange. Erstens war es sowieso nicht viel,
was für jeden einzelnen übrig blieb, und zweitens musste davon
noch die Haelfte als Reserve weggesteckt werden. Also gings sofort nach dem Austeilen des Fleisches weiter, einen Abhang hinunter, wir durchquerten einen Bach, danach gings gleich wieder
steil bergan. Es war mit das übelste, was ich mitgemacht habe:
nach der Anstrengung des ganzen Tages und der halben Nacht
war es nicht bloss die Steilheit und der mehr als knöcheltiefe

Schlamm, die einem zu schaffen machten, sondern auch die absolute Dunkelheit (man sah wirklich nicht die sprichwörtliche Hand vor den Augen), die Kameraden, die einem das Gewehr ins Gesicht stiessen oder auf die Hacken traten - und der Gaul, denn der war uns zu allem Überfluss zu diesem Zeitpunkt auch noch zugeteilt. Irgendwann, nach einem nicht endenwollenden Anstieg hielt die Karawane an und es ging nicht mehr weiter. Sofort warfen sich die Leute links und rechts an die Böschung und rasteten, was aber sehr schnell in ein Dösen und dann in tiefen Schlaf überging. Ich hatte, wie schon beim Bund, Hemmungen, mich einfach so in den Schlamm zu werfen und blieb noch eine Weile stehen, bevor ich mich nach einer Weile auch dazu entschloss, bloss, überall, wo ich mich hinlehnen wollte, war schon einer, der mich mürrisch in seinem Halbschlaf zurückwies. Da stand ich nun weiterhin und beruhigte wenigstens ab und zu das Pferd. Manchmal setzte ich mich auf meine Hacken, um ein wenig die Füsse zu entlasten, musste aber bald wieder aufstehen, weil meine Beine einschliefen. Deshalb war es für mich fast eine Erlösung, als es heller wurde und es weiterging.

Auch dann brauchten mir noch eine ganze Weile, bis wir oben angekommen waren. Wir passierten an einem Bauernhof, wo merkwürdigerweise keine Maenner zu sehen waren (was uns erst spaeter auffiel) und kamen wenig spaeter zu einem ausgedehnten, flachen Waldstück, das uns als Ruheraum diente, nachdem wir uns weit aufgefaechert hatten und eine notdürftige Wache gebildet war. Endlich konnte ich mal wieder richtig schlafen, noch dazu in der warmen Sonne! Trotzdem achtete ich wie immer möglichst auf die Einhaltung einiger elementarer Regeln wie z.B. meiden des Pulks und suchen einer Erdvertiefung.

Wir waren gerade einigermassen zur Ruhe gekommen, da krachte es, noch ziemlich weit weg, allerdings kamen langsam, aber sicher die Einschlaege immer naeher: Mörser! Die Leute wurden unruhig, wollten weg. Ich liess im Geiste noch einmal Revue passieren, was ich so über Mörser gelernt hatte und machte mir deshalb trotz des völlig neuen Gefühls keine grösseren Sorgen, da ziemlich ungenau geschossen wurde, noch dazu nur von einem Rohr. Aber die Unruhe bei meiner Gruppe wuchs, auch deshalb, weil wir, an der einen Flanke, ziemlich wenig Kommunikation zu der übrigen Truppe hatten. Porfirio schickte mich mit einem weiteren Compa los, um die Entscheidung der Führung einzuholen. Waehrend ich mich durchfragte, merkte ich, dass auch die anderen alle in Aufbruchstimmung waren, weshalb ich eigentlich nur noch fragen musste, wohin wir abhauen würden. Unser "Estado Mayor" (Stab) hatte sich für die Einhaltung der bisherigen Marschrichtung entschieden. Dazu musste ein ziemlich niedriger Busch aus Platanillo („Bananenstaudchen", entsteht, wenn abgeholzte Flaechen wieder überwuchert werden) möglichst ohne Hinterlassung von Spuren, zumindest an den Ein- und Ausgaengen, durchquert werden. Nun ist aber so ein Platanillo so dicht, Rohr an Rohr, dass man nicht einmal mit der Machete richtig ausholen kann, um eine Gasse zu schlagen. Das beste ist, man zwaengt sich durch, auch nicht gerade eine leise Art, wenn es schnell gehen soll. Am frühen Abend hatten wir endlich den Rand dieses Dickichts erreicht und kamen wieder auf freiere Gegenden, die man am besten nur nachts überquerte, so dass wir uns weiterhin sputeten. Diese Hast wurde nur ab und zu unterbrochen durch das Aufnehmen von Wasser aus Baechen, wobei es fast zu tumultartigen Szenen kam (2 Wochen davor noch unvorstellbar), oder anderen Vorkommnissen wie "halten, Domingo muss scheissen" (!).

Wie schon erwaehnt, kann ich mich nicht mehr genau und chronologisch exakt an alle Zwischenfaelle und Gefechte in dieser Zeit erinnern, es waren meist Scharmützel und Bombardierungen mit Mörser oder Bomben aus Flugzeugen. An die letzten drei Tage allerdings, die wir voll zusammen waren, erinnere ich mich jedoch ziemlich genau. Wir waren nach einem Gefecht der Guardia wieder einmal ausgewichen, hatten einen für die örtlichen Verhaeltnisse ziemlich grossen Wald durchquert und waren, nach der Überwindung eines grösseren Baches und eines Steilhanges zu einer verlassenen Hütte gelangt, die die Gegend ziemlich beherrschte. Da vor uns offenes Gelaende lag und in der Hütte einige halbverfaulte Maiskolben von der Spitzengruppe gefunden wurden, entschloss man sich, zu halten, die Maiskolben zu braten und die Nacht abzuwarten, um die freie Plaine zu überwinden. Auch wir als zweite Gruppe wurden zur Sicherung der Hütte eingesetzt. Porfirio wollte mich mit meinem MG mitten auf dem Steilhang einsetzen, Schussrichtung eigene Kameraden; ich fragte ihn auch, wie ich denn bitteschön am Steilhang in Anschlag gehen sollte, etwa wie im Wilden Western im Hüftanschlag. Wie immer, wenn er nervös und unsicher war, griff er auf das Repertoir aller Unteroffiziere zurück und redete etwas von "Befehl ist Befehl","Über Befehle diskutiert man nicht" und "Hier bleibst Du" etc.

Ich wollte mich nicht laenger mit ihm streiten, weshalb ich zu Chacalote auf den Hügel hoch ging, ihm das ganze erklaerte, mir recht geben liess und mir dann eine Stelle aussuchte, die meinem MG angemessen war. Nach einer Weile hörten wir einen Hubschrauber, kurz danach konnten wir ihn auch ausmachen: es war ein ganz schön grosser Brummer (H-34 bzw. die modernisierte Version S-52). Obwohl wir schnell noch das Feuer löschten, mussten die da oben was gemerkt haben oder, was ich eher vermute, die hatten schon Informationen über unseren Aufenthalt.

Jedenfalls kreiste er ziemlich unverschaemt über uns, wenn auch in respektvoller Höhe. Wir diskutierten darüber, ob wir nicht hochschiessen sollten, da wir ja schon entdeckt seien, aber mit den Gewehren hatte das keinen Sinn. Ich bot mich an, mit dem MG hochzuhalten; ich suchte mir dazu ein nahestehendes Gestell aus, auf das ich die Waffe legte. Nach dem ersten Schuss war Schluss, weil ich vergessen hatte, den Deckel festzuhalten, weshalb er aufsprang und die Gurtzuführung nicht mehr funktionierte. Chacalote meinte auch, es haette keinen Sinn, so dass ich meine "Fla-Stellung" wieder aufgab und nur mehr mit den Augen den Brummer verfolgte. Zuerst überflog er uns mehrere Male, dann ging er hinter einigen Hügeln mehrmals nieder und stieg wieder hoch, um in unserer Naehe kurz zu landen. Was er da machte, blieb uns nicht lange verborgen, denn schon bald rückte uns die Guardia mal wieder auf die Pelle - es kam zu einer wilden und allgemeinen Schiesserei, wobei nur wir an der Spitze der Kolonne nicht einbezogen wurden. Die Führung beschloss, den Kampf abzubrechen und abzuhauen. Da wir nicht in den Kampf verwickelt waren, wurde unsere Gruppe dazu ausersehen, den Rückzugsweg zu erkunden.

Zu dritt wühlten wir uns durchs Dickicht, bis wir einen Pfad gefunden hatten. Waehrend wir zu zweit den Weg sicherten, ging der andere zurück, um den Rest zu holen. Das dauerte... Aber er kam nicht zurück. So liess ich den anderen, wo er war und machte mich auf die Suche nach den übrigen Compas. Kurz darauf fand ich sie. Sie waren dabei, das riesengrosse Durcheinander zu ordnen und die Truppe beieinander zu behalten. Es fehlten etliche, angeblich waren sie gefallen, andere wurden vermisst, keiner wusste Bescheid. Endlich entschloss sich die Führung, abzurücken, dahin, wo ich den Weg erkundet hatte, d.h. nach links bezüglich unserer ursprünglichen Marschrichtung vor dem Kampf.

Als wir fast schon wieder den wartenden Kameraden erreicht hatten, hörten wir ein nun schon bekanntes Geraeusch: den Einschlag von Mörsern! Alles hielt an und wir vergewisserten uns, woher die dumpfen Schlaege kamen. Das war gar nicht so einfach, weil es vor uns und hinter uns knallte, jedoch ziemlich weit entfernt. Nach einer Weile konnten wir ausmachen, dass die Granaten hinter uns abgefeuert wurden und die Knallerei vor uns die Einschlaege waren. Domingo schlug deshalb vor, wieder umzukehren und in der ursprünglichen Marschrichtung weiterzugehen. Ich war von Anfang an dagegen: zum einen waeren wir dadurch auf die freie Ebene gekommen, vor allem aber war meine Überlegung, dass der Feind nicht dort ist, wo er hinschiesst, sondern damit nur verhindern wollte, dass wir dort entweichen würden. Aber Domingo konnte die beiden anderen Führer überzeugen, seinem Vorschlag zu folgen. Ich war stocksauer und haette darüber fast vergessen, den wartenden Kameraden noch zu holen. Nachdem ich mit ihm zurückkam (und natürlich mit meinem geliebten MG auf der Schulter), waren die anderen schon am marschieren und ich brauchte ziemlich lang, bis ich mich zu meiner Gruppe vorgearbeitet hatte, die die Spitze in der Zwischenzeit übernommen hatte. Es wurde nun auch schon dunkel. Nach nicht allzu langem Marsch stiessen wir auf eine Lichtung, auf der eine Hütte stand, in der Licht war! Licht, und keine Menschenseele zu sehen! Wir gingen zuerst einmal in Stellung und warteten auf Chacalote und Domingo. Nach einigem Palabern beschlossen sie dann, das ganze zu untersuchen und möglichst Essen zu organisieren. Mir war das höchst suspekt: in einer Gegend, in der wir seit Tagen keinen Bauern mehr gesehen hatten, nach einer Riesenschiesserei, und dann noch Licht! Aber ich hatte die Lust zum diskutieren verloren, nachdem ich grade eine Stunde vorher keinen Erfolg gehabt hatte (zum x-ten Mal!). Als uns aber der Befehl gegeben wurde, doch vorzurücken, knurrte ich bloss, dass ich nicht zum Hügel hochgehen, sondern höohstens das Vorgehen der anderen decken würde. Das steigerte auch nicht gerade die Lust der anderen Leute, aber langsam gingen einige vor, vor allem Jacinto (nicht von meiner Gruppe) und Carlitos. Oben sah man dann, dass ein Bauer rauskam, dann auch ein paar Kinder. So langsam ging dann die ganze Meute hoch, zumindest soweit oben Platz war.

Oben angekommen, suchte ich sogleich eine gute Stellung neben einem Baum und hinter einem liegenden Stamm - mir war das ganze nicht geheuer. Domingo redete mit dem Bauer, wir bekamen etwas Mais und Zucker, sonst hatte er angeblich nichts. Schliesslich heuerte ihn die Leitung noch als Führer an. Er sagte naemlich, auf der anderen Seite der Lichtung sei eine Brücke, dadurch kaeme man in eine andere Gegend. Ich hörte diese Unterhaltung nicht, sondern folgte nur dem Führer und den anderen Kameraden. Wenn ich das gehört haette! Uns haette eigentlich klar sein müssen, dass in einer Gegend, in der es nur eine Brücke gab, diese von der Guardia bewacht sein musste. Doch bis dahin wussten die meisten noch nichts von ihrem Glück. Unsere Gruppe bildete auch weiterhin die Spitze, ich war wie immer seit der Übernahme des MGs in der Mitte an 5. Stelle, vor mir Danilo, hinter mir Felipe. Der Bauer führte uns am Rande des Urwalds entlang, bis wir zu einem doppeltem Stacheldraht kamen, der eine Weide begrenzte.

Um an dieser Stelle die Lichtung zu überqueren, wie es der Führer wollte, mussten wir den Weidezaun überwinden. Mit dem ganzen Gepaeck und Gerödel war das aber schwierig, so dass wir Ernesto riefen, da dieser mit der Zange am Galil-Zweibein den Zaun durchschneiden konnte. Danach gings über die Lichtung, die mindestens 300 Meter breit und doppelt so lang war. Als wir gerade über einen Hügel in der Dunkelheit marschierten, hörte ich plötzlich nicht nur das dumpfe Auftreten der Compas, sondern vorne auch das Knirschen von Kieselsteinen. Die ersten blieben stehen und beratschlagten. Als ich dann auch naeher gekommen war, traf mich fast der Schlag: das hier war ein Hubschrauberlandeplatz, erkenntlich durch das "H", das mit Kieselsteinen in das Gras gemacht worden war! Das ganze schaute nicht einmal sehr provisorisch aus, sondern eher nach einer staendigen Einrichtung. Ganz aufgeregt wollte ich die anderen davon überzeugen, dass es allerhöchste Eisenbahn sei, von dort wegzukommen, und erklaerte ihnen den Sinn des Zeichens, aber ich hatte nicht allzu viel Erfolg, ausser dass jetzt auch der letzte noch mehr alarmiert war.

Nach der Überquerung der Lichtung stiessen wir auf einen etwa 8 Meter breiten Fluss, dem wir nach links auf einem kleinen Pfad folgten. Unsere Nerven waren ziemlich angespannt, so dass wir auch das kleinste Geraeusch vernahmen, auch das eines metallischen Klickens von der anderen Seite des Flusses. Instinktiv liessen sich alle niederfallen, und schon ging die Hölle los! In kürzester Entfernung von uns, auf der anderen Seite des Flusses, war ein Maschinengewehr, das voll losrotzte, genauso wie man das im Film immer sieht, und nicht etwa in kurzen Feuerstössen. Unser Glück war, dass direkt am Ufer des Flusses ein ziemlich dicker und langer Stamm lag, hinter dem wir relativ gut geschützt waren. Aber man konnte die Rübe nicht hochnehmen, denn die Guardia schoss wie wahnsinnig; nach kurzer Zeit schon legten sie den zweiten Gurt ein, sie hatten also schon 50 Schuss verschossen! Die haetten Hackfleisch aus uns gemacht, wenn der Baumstamm nicht gewesen waere!

So lagen wir nun da, links neben mir Danilo, der vor Angst fast in den Boden gebissen haette und wimmerte, rechts neben mir Felipe, der an seiner RPG-2 rumfummelte und mir zuflüsterte, ich solle eine zweite Granate fertigmachen. Ich hielt dies für eine Schnapsidee, in dieser Situation mit einer Panzerfaust zu schiessen, vielmehr versuchte ich, mein MG in Einsatz zu bringen und zumindest blind über den Baumstamm zu schiessen. Ich hatte aber, wie immer auf dem Marsch, den eingelegten Gurt ums MG gewickelt und hatte nun in der Nacht Schwierigkeiten, das MG fertigzumachen, zumal man sich ja nicht aufrichten konnte. Ausserdem überlegte ich mir, dass man durch das Feuern mit dem MG unsere Position noch genauer ausmachen konnte als schon zu diesem Zeitpunkt; ausserdem waere das blinde Feuern reine Munitionsverschwendung gewesen (trotzdem sicher beeindruckend). Hochgehen aber wollte ich auf keinen Fall, um das Mündungsfeuer des feindlichen MGs zu sehen und dann darauf zu schiessen, denn die schossen wie die Verrückten und badeten uns gewissermassen in Kugeln; man merkte richtig die Einschlaege im Baum (tock-tock—tock...), mehr aber noch, wenn die Kugeln durch den oberen Teil der Rundung des Stammes fetzten und sogar Splitter herausrissen, die mir dann ins Genick fielen - da nahm man gerne die Birne ganz tief! Um aber nicht ganz untaetig zu bleiben, folgte ich Felipe und versuchte, meine Granate fertigzumachen. Das ist leichter gesagt als getan: zum einen musste ich dazu den mühselig verschnürten Sack, der uns als Rucksack diente, aufmachen, nachdem ich ihn genauso mühselig erst einmal vom Rücken geholt hatte (man konnte sich ja nicht aufrichten; als ich dies einmal zu weit tat, ruckte es plötzlich in meinem Rucksack - eine Kugel war durchgesaust!); dann musste ich in der Dunkelheit die drei Einzelteile in meinem Sack suchen, die natürlich, wie der Teufel es will, ganz unten waren, wobei man aber den Rest nicht einfach rauslegen kann, weil man sonst nichts mehr findet; nachdem man dann nach ewigem rumfingern endlich die drei Teile draussen hat, muss man das Wachspapier von der Treibladung entfernen und die Einzelteile zusammenschrauben - Treibladung mit dem Schwanz, dann Schwanz mit dem Kopf, vorher aber noch den Detonator dazwischen einfügen, wenn, ja wenn man dieses kleine, sehr empfindliche Teil findet. Ich hatte ja vor ein paar Tagen die Granate schon einmal vorbereitet und den Detonator dann in meine linke Brusttasche gesteckt. Da war er aber nicht mehr! Ich suchte fieberhaft nach diesem blöden Ding - vergebens.

Schliesslich musste ich Felipe dieses Missgeschick eingestehen. Glücklicherweise sagte er, dass er noch einen zusaetzlichen habe, ich solle ihm nur die übrige Granate geben. Ich war froh, das Ding loszuhaben und machte mich daran, meinen grossartigen "Rucksack" wieder zuzuschnüren und ihn mir wieder auf den Rücken zu bugsieren. In der Zwischenzeit hatte ich gemerkt, dass auch die anderen nicht untaetig waren. Porfirio (der Gruppenführer) war katzengewandt zu einem nahen Baum gesprungen und schoss von dort aus, einmal feuerte er sogar eine Gewehrgranate (er hatte ein FAL mit einem speziellen Mündungsfeuerdämpfer – genannt „tromblón", der dies ermöglichte); manche hielten blind mit dem FAL über den Stamm; nur Danilo war vor Schreck wie versteinert. Aber auch die Guardia war nicht untaetig: das Maschinengewehr hatte bestimmt schon den vierten Gurt verschossen und zum Posten kamen immer mehr Guardias mit grosskalibrigen Waffen, wahrscheinlich Garand, Enfield und Browning, vor allem letztere, da einige auch Feuerstösse abgaben. Die Bewaffnung lässt darauf schliessen, dass wir es da nicht mit jungen Guardias (EEBI) zu tun hatten, sondern mit älteren („panzones" = Dicken), die da Wachaufgaben erfüllten.

Und dazu kam noch Mörserfeuer. Zuerst nahm wahrscheinlich kaum einer Notiz davon, aber der zweite und dritte Schuss kam schon naeher und da merkten wir auch, dass das Mörserfeuer nicht wie sonst immer uns galt, sondern der Guardia! Die unseren hatten naemlich ihren 60 mm Kommando-Mörser hervorgeholt und versuchten, uns dadurch rauszuholen aus der misslichen Lage. Da der Compa aus Panamá am Anfang immer zu weit schoss, korrigierten wir ihn lautstark, und er nahm das Feuer zurück. Der nächste Schuss allerdings landete genau im Fluss! Eine Fontaene aus dreckigem Wasser stieg hoch und machte uns zu allem Überfluss auch noch klatschnass. Aber das war in diesem Moment das wenigste - ein winziges Zucken mit der Hand nach oben und die Granate waere genau auf uns gefallen! Verzweifelt haben wir geschrien, sie sollten mit dem Scheiss aufhören, was dann nach noch einer Granate, die wieder etwas weiter weg, flussaufwaerts, fiel, auch geschah.

Aus irgendeinem Grund, wegen des Schreckens der nahen Explosion oder weil sie den Gurt wechseln mussten, schoss das MG gerade einmal nicht. Diesen Augenblick nutzte Felipe aus: er kniete sich hin und schoss mit der Panzerfaust in Richtung MG. Nun muss man wissen, dass das eine eindrucksvolle Sache ist, vor allem bei Nacht: ein lauter Abschussknall, verbunden mit einem Feuerstrahl nach hinten, und Sekundenbruchteile spaeter die Explosion der Granate beim Aufprall, ebenfalls verbunden mit einem Knall und Feuerschein. Danach rührte sich nichts mehr. Ich wollte diese Pause ausnutzen, um unsererseits die Feuerüberlegenheit zu erringen. Schnell wollte ich mit dem MG hochgehen und schiessen, aber das misslang klaeglich: der Gurt verhedderte sich und ausserdem war dieses Mistding viel zu schwerfaellig, um schnell damit zu agieren. Was haette ich in diesem Augenblick für eine MP oder mindestens ein FAL gegeben!

Als Felipe meinen missglückten Versuch bemerkte, zog er mich wieder hinunter und flüsterte mir zu, ich solle mich zurückziehen – die Guardia wäre abgehauen. Das tat ich dann auch gerne, auch wenn es mit dem MG und dem schweren Sack nicht leicht war. Ich war gerade ein paar Meter zurückgerobbt, als ich keinen Boden mehr mit den Füssen spürte. Ich dachte an einen kleinen Graben und setzte meine Absetzbewegungen fort, froh, eine Bodenvertiefung gefunden zu haben. Als ich etwa mit der Gürtellinie auf Höhe des Grabenrandes war, bekam ich Übergewicht und stürzte nach hinten. Aber nicht nur nach hinten, sondern auch nach unten! Es handelte sich naemlich nicht um einen kleinen Graben, sondern um so eine Art Nebenarm des Flusses oder Kanal. Und das Ding war über einen Meter tief. Wenn man noch den Abstand zwischen Wasseroberflaeche und Bodenrand sowie die Tatsache dazu nimmt, dass ich ja nicht senkrecht, sondern hintüber fiel, kann man sich meinen Schrecken vorstellen - fast waere ich nach all dem auch noch ersoffen!

Prustend, aber glücklicherweise noch mit dem MG in der Hand, kam ich wieder hoch und fluchte zuerst einmal fürchterlich, noch dazu, weil ich trotz verzweifelter Anstrengungen nicht mehr aus dem Graben herauskam - die Wand ging senkrecht hoch und der Rand war etwa auf Höhe meines Halses. Die anderen riefen mir zu, ich solle ruhig sein, was mich aber kaum beruhigen konnte. Das vernünftigste waere es gewesen, im Kanal hochzuwaten, um dadurch die Vertiefung voll auszunutzen. Aber durch den Schrecken wollte ich nur heraus aus diesem nassen Element! Schliesslich blieb mir nichts anderes übrig, als zuerst das MG ans Ufer zu werfen, den Sack abzunehmen und ihn hinterher zu werfen und mich dann mit Hilfe von Graesern am Ufer halb hochzuziehen und halb herauszukrabbeln. Ich packte meine Siebensachen und machte mich geduckt davon, Richtung Lichtung, nur weg von hier!

Auf der Lichtung angekommen, ging ich links am Waldrand entlang, Richtung eigene Truppe. Alles war ruhig, der Mond schien ziemlich hell — eigentlich ein ganz friedliches Bild, der Schrecken von vorher schien nur ein böser Alptraum zu sein! Erst in diesem Augenblick, als ich suchend am Waldrand stand, wurde mir erst so richtig bewusst, was gerade hinter mir lag: innerhalb von ein paar Minuten war ich gleich ein paar Mal nur knapp dem Tode entronnen!

Zuerst das Glück, dass das Maschinengewehr noch gesichert war, was uns wertvolle Sekundenbruchteile sicherte; dadurch wurden wir ausserdem überhaupt erst auf die Gefahr aufmerksam (durch das Klicken). Dann die Tatsache, dass der dicke Baumstamm da lag, sonst haette dies alles nichts geholfen. Dann der Mörsereinschlag im Fluss, keine fünf Meter von uns entfernt, und schliesslich noch das unfreiwillige Bad...

Ich weiss nicht, ob mir in diesem Augenblick schauerte. Wenn dies aber der Fall war, dann nicht allein wegen des Schreckens, sondern auch wegen der triefenden Naesse und der Nachtkühle; da spielte es auch keine Rolle mehr, dass das brusthohe Gras auch ganz nass war - naesser gings nicht mehr.

Aber ich war noch nicht ganz ausser Gefahr, schliesslich konnte überall Guardia sein und mich im blödesten Fall auch noch die eigenen Kameraden anschiessen. Also blieb ich auf der Hut und schlich mich am Waldrand voran, immer im Schatten bleibend, bis ich deutlich hörte, dass vor mir Leute waren - aber welche? Ich ging noch vorsichtiger voran, bis mich von der Seite jemand anrief. Da merkte ich, dass wir zu allem Überfluss gar keine Parole ausgemacht hatten. Was sollte ich sagen? Ich entschloss mich, ein Risiko einzugehen und mein Pseudonym zu rufen. "Veni para ca" war die Antwort. Zu ihm sollte ich kommen, na ja, das konnte ja jeder sagen. Immerhin war es aber sehr wahrscheinlich, dass es Leute von uns waren, da ja der Hauptteil über den Hügel kommen musste und von dort auch mit Mörsern ins Geschehen eingegriffen hatte. Ausserdem haette die Guardia im Zweifelsfall zuerst geschossen und dann gefragt. So entschloss ich mich, zu dem Burschen hinzugehen, das MG, so gut es ging, im Anschlag und entsichert. Als ich schon ganz nahe war, deutete er zurück und meinte, ich sollte zu einem Hügel gehen, gar nicht weit weg vom Posten. Danach hörte ich auch schon die Stimme Domingos. Ich naeherte mich noch weiter und sah, wie er unseren Führer vernahm, der am Boden hockte. Am liebsten hätte ich den Burschen eigenhändig erwürgt, aber zumindest habe ich Domingo aufgefordert, den Hurensohn zu erschiessen. Der aber war anderer Meinung, nicht nur, weil er viel zu gut war, jemanden zu erschiessen (er wollte ja nicht einmal die Ochsen schlachten), sondern weil ja auch niemand da war, der uns aus dem Schlamassel rausführen hätte können. Er sagte deshalb zu dem Bauern, dass er nur dann mit dem Leben davonkäme, wenn er uns aus dem Kessel herausführen würde.

Ich setzte mich derweil völlig erschöpft ins nasse Gras und war fertig mit der Welt. In der Zwischenzeit kamen tröpfelweise immer mehr von meiner Gruppe, neben denen, die schon vorher da waren, wie die beiden Porfirios und ein paar andere. Einer brachte die Nachricht, dass Carlitos verwundet sei und man ihn holen müsse. Sofort stand Chacalote auf, zögernd folgten ihm noch zwei - mir kam es nicht einmal in den Sinn, da mitzugehen. Erst ein paar Stunden später fiel es mir auf, dass ich eigentlich nicht sehr kameradschaftlich gehandelt hatte, als ich abhaute, obwohl mir dies Felipe ja gesagt hatte, denn ich hätte mich nur ein wenig zurückziehen dürfen und dann den Rückzug der Kameraden decken müssen, noch dazu, wo ich das MG der Gruppe hatte; die Panik war aber grösser als die Ausbildung und das Kameradschaftsgefühl.

Nach einer Weile brachten sie Carlitos: er hatte einen Oberschen-
keldurchschuss mit Knochensplitterung durch eine .30-er-Kugel –
eine böse Sache, der Schenkel war aufs doppelte angeschwollen
und er hatte Wahnsinnsschmerzen. Immer und immer wieder bat
er, man solle ihn doch erschiessen oder ihm eine Pistole geben,
damit er es selber machen könne. Er hatte Riesen-Pech gehabt,
als erster der Gruppe, entweder weil er sich bei dem ersten Klick
nicht sofort auf den Boden warf, schon ausserhalb des Schutzes
des Baumstammes war oder schon auf der Brücke. Er war immer
ein Einzelgänger und Draufgänger gewesen, mit wenig Gruppen-
gefühl und Verständnis für die Leute aus der Stadt, die ihre lieben
Schwierigkeiten mit den Urwald hatten. Er zog es auch immer vor,
an der Spitze der Gruppe zu marschieren; so auch diesmal. Da er
an der Spitze war, zusammen mit dem Bauern, traf ihn schon die
die erste MG-Garbe. Ich verstehe nur nicht, wie sich der Bauer
retten konnte – über den Graben? Er kannte ja die Gegend.

Unser grossartiger Arzt konnte natürlich wieder mal wenig ausrichten, er war vielleicht ein guter Kerl, aber ein miserabler Arzt.
Wie sollten wir den Carlitos jetzt transportieren? Wir waren mitten
auf einer Weide, von Holz für Stecken also keine Spur. Seinen
einen Fuss konnte man auch nicht anfassen. Anfangs setzte sich
Carlitos auf ein Gewehr und zwei von unserer Gruppe fassten an
den Enden des Gewehres an; zusätzlich legte er noch seine Arme
um die Schultern der Leute. Das Tragen mit den Händen ermü-
dete natürlich schnell, auch für den Verwundeten war es eine
Qual, vor allem das ständige Wechseln. So kamen immer neue
Tragevariationen auf: Huckepack, dann auf den Schultern, bis wir
schliesslich in eine Gegend kamen, wo es Holz gab, um eine
Stange zu schlagen und eine Hängematte daran festzubinden. Ich
beteiligte mich an Verwundetentransport nicht, weil ich zum einen
genug mit meinem MG und den Gurten zu tun hatte (die wegen

der Gefahr griffbereit getragen werden mussten), und weil zum anderen niemand mein MG nehmen wollte. Hervortat sich aber vor allem jener Compa (Danilo), der gerade im Hinterhalt so kläglich ausgeschaut hatte. Immerhin ist es kein Pappenstiel, nach so vielen Anstrengungen einen Verwundeten auf den Schultern zu schleppen, vor allem, wenn er durch die Auswirkungen des Schocks auch noch die Hose gestrichen voll hatte!

Nachdem Carlitos in eine einigermassen kommode Trageposition gebracht worden war, marschierten wir los, wieder geführt vom Campesino; diesmal waren wir wegen unseres Verwundeten nicht mehr Spitzengruppe, sondern marschierten als letzte unseres Zuges (dritte). Wir wurden in eine Richtung geführt, die um 90 Grad von der früheren abwich, aber uns auch zwang, den Fluss zu durchqueren, aber diesmal nicht über eine Brücke, sondern durch eine Furt. Der Führer hatte recht, hier gab es keine Guardia und wir konnten dem Kessel entrinnen. Wir marschierten die ganze Nacht durch weiter, bis es irgendwann etwa um drei Uhr morgens nicht mehr ging; jeder legte sich da hin, wo er gerade stand, ohne Wache oder andere Vorsichtsmassnahmen, einer neben dem anderen. Mir hat so etwas nie gefallen, weshalb ich mir, so gut es in der Dunkelheit ging, ein Plätzchen etwas abseits suchte, im Loch eines ausgerissenen Baumstumpfes. Dies hätte mir im Falle eines Falles auch Schutz geboten; sowas hatte ich schon in der Grundausbildung gelernt, ganz zu schweigen von der Erfahrung vom Vorabend. Bevor ich einschlief, überlegte ich mir, ob es überhaupt noch Sinn hatte, mit all diesen Narren durch den Urwald zu trailen, nicht bloss ganz gegen Sinn und Verstand, sondern, wie sich jetzt ganz deutlich zeigte, in einer selbstmörderischen Art und Weise. Natürlich hätte man einwenden können, dass man die Kameraden gerade jetzt nicht im Stuch lassen dürfte, wo die Gefahr am grössten war, aber schliesslich hatte ich vorher wie ein Wanderprediger versucht, alle massgeblichen Leute (Domingo, Ernesto, Chacalote, Antolin) zu überzeugen, dass die bisherige Strategie und Taktik falsch war. Sollte ich wissend trotzdem ins Verderben rennen? Für mich war die Antwort negativ; ich wollte weiterkämpfen, weiterleben, alle meine Kenntnisse anwenden und nicht wie ein Schaf zur Schlachtbank geführt werden. Dazu brauchte ich aber mehr Leute, weshalb ich versuchen wollte, die vernünftigsten anzusprechen; das waren meiner Meinung nach Bill und Mano. Über diesen Gedanken schlief ich ein und wachte erst durch die Aufbruchsgeräusche wieder auf. Ich war noch hundemüde und blieb liegen, zumal mir die Gedanken vor dem Einschlafen wieder einfielen. Sollte ich nicht liegen bleiben und die anderen einfach weiterziehen lassen?

Ich hörte sogar schon, wie nach mir gesucht wurde. Ich ging dann doch mit, vor allem, weil ich ja alleine auch nichts hätte machen können. In einer Marschpause erkundigte ich mich zuerst nach Bill. Die erstaunte Gegenfrage: ob ich noch immer nicht wüsste, dass der, Rufino, Emmet Lang und noch etliche andere beim ersten Gefecht gestern verlorengegangen seien? Mein erster Gedanke: die haben das gleiche gedacht, waren aber schneller. Also auf zu Mano, denn es war eine lange Pause (im nachhinein wurde mir klar, dass es eine Führungsbesprechung gab, wo die Trennung in einzelne Züge beschlossen wurde - also mein Vorschlag, nur leider viel zu spät!) Ich sprach Mano auf deutsch an, denn er hatte ja lange in Dortmund gelebt, um nicht unerwünschte Zuhörer zu haben. Er sass am Hang und hatte seinen riesigen Rucksack auf dem Rücken; er war mit mir zusammen wahrscheinlich der einzige, der noch nichts weggeworfen hatte. Er wollte nichts von meinem Vorschlag wissen. Auch als ich ihm vorschlug, wenigs tens bei mir zu bleiben und nicht mehr mit seiner Gruppe zu gehen, faselte er irgendwas von Disziplin. Es hatte keinen Zweck, ich ging. Es sollte das letzte Mal sein, dass ich ihn sah.

Bei meiner Gruppe zurück, war wieder mal mit Domingo die Diskussion im Gange, was tun mit Carlitos. Er hielt die Schmerzen nicht mehr aus und wollte auch kein Hindernis mehr für uns sein, weshalb er entweder erschossen oder mit einer Pistole allein gelassen werden wollte. Es gab Befürworter der Lösung, einschliesslich Domingo, vor allem die, die mit einem Auge ewig nach hinten schielten und mit dem anderen auf den riesigen steilen Hang vor uns. Ich setzte mich durch, Carlitos weiter zu schleppen. Ich übergab mein MG an einen anderen und zerrte mehr als ich schleppte den Verwundeten mit abwechselnd anderen bis fast zum Ende des Abhangs hoch. Dort war ein kleines Rinnsal, wo wir alle nochmal Wasser tranken nach der riesigen Austrengung. Dann hiess es, eine grosse Lichtung mit einem Verhau von umgehauenen und zum Teil angekohlten Stämmen zu überqueren, und das unter einer stechenden Mittagssonne! Zwei Gruppen unseres Zuges waren schon drüben, jetzt waren wir dran, ich als einer der ersten, möglichst schnell wegen der Gefahr, aus der Luft erkannt zu werden. Als letzter kam Porfirio, der Gruppenführer, weinend. Ich fragte, was denn los wäre. "Wir haben den Carlitos da gelassen" und um wie sich selber zu beruhigen, "beim Wasser, mit seinem Gewehr und gut versteckt". Ich war wie vor den Kopf gestossen. Es war klar, dass dies der baldige Tod für Carlitos bedeuten würde, so oder so. Aber dann wurde ich von den anderen weitergezogen, weiter ging der Marsch ins Sinnlose.

Zuerst gings auf Wegen voran, wo wir unglücklicherweise auf einen Bauern trafen, weshalb wir kurz darauf ins Dickicht abzweigten. Da wir die letzte Gruppe waren, war es an uns, die Spuren des Eintritts zu verwischen. Erst da erklärte mir Porfirio, dass nach uns keine mehr folgen würden. Das heisst, das Auseinanderfallen ging weiter. Für mich war das erste klare Anzeichen das Zurücklassen des Verwundeten; eine Truppe, die Verwundete nicht mitnimmt, hat ihre Moral verloren und ist nur mehr ein panischer Haufen.

Wir marschierten bis zum Abend, wo wir in einer Dichtung halt machten. Neben mir waren ausser den beiden Compas aus Chinandega aus unserer Gruppe noch ein dritter von einer anderen Gruppe, aus der gleichen Gegend. Ich hatte enorme Schmerzen im Dickdarm, der Inhalt war steinhart. Obwohl ich eigentlich dauernd scheissen musste, ging nichts. Da wir seit langem nichts mehr gegessen hatten, hatte sich der Rest des Dickdarminhalts immer mehr verfestigt durch den Entzug von Wasser. Mir blieb nichts anderes übrig, als mithilfe eines Stöckchens und dem Finger mir das absolut trockene Zeug rauszuholen.

Am nächsten Morgen waren die drei Chinandeganos weg, die Waffen und das meiste Gepäck hatten sie dagelassen - ein weiteres Zeichen für den Zerfall der Moral, gerade bei solch jungen Leuten, die sich erst ab September 78 dem Kampf angeschlossen hatten und nie vorher einen Urwald gesehen hatten, noch dazu unter solchen Umständen. Die zurückgelassen Sachen wurden versteckt, dann gings weiter, wie immer mit einem Schluck Wasser als Frühstück. Wir kamen in Weideland, d.h. bewohnte Gegenden. Wir hatten einen längeren Aufenthalt, weil sich die erste Gruppe um das Tragen des MGs stritt - ein weiteres Zeichen des

Zerfalls ! Keiner wollte mehr das Browning-MG oder das Dreibein tragen. Schliesslich kamen wir an einen Bauernhof, wo wir Rast machten. Der Bauer hatte auch einige Schweine, von denen wir eins kaufen wollten, aber der Bauer wollte es uns nicht verkaufen. Domingo wiederum hatte wieder einmal zu viel Skrupel, um es dem Kerl einfach wegzunehmen. Man stelle sich einmal vor: zwei Dutzend Bewaffnete haben seit drei Wochen praktisch nichts mehr gegessen und lassen sich dann so abspeisen! Schliesslich verkaufte uns der Bauer fünf Pfund Zucker. Zucker haben die Burschen fast immer, weil sie das für die Herstellung von Chicha und Cusuza brauchen (selbstgebrautes Maisbier und -gebrannter Maisschnaps). Das waren dann drei Esslöffel voll pro Mann, etwa die gleiche Menge behielt der Gruppenführer als Reserve.

Entkommen

Dann gings wieder weiter, aber nur mehr eine halbe Stunde; plötzlich wurde in einem halbtrockenen, felsigen Flussbett halt gemacht und Domingo scharte den übrig gebliebenen Trupp um sich (es waren noch viele andere verschwunden oder einfach liegen geblieben wie z.B. "Napoleón" aus unserer Gruppe, ein junger Costaricaner, der sich einfach hinlegte und auch durch viel Zureden nicht mehr zum Weitergehen zu bewegen war). Domingo redete irgendwas von einer schwierigen Situation und dass er die Verantwortung für uns nicht mehr tragen könne - jeder solle selber schauen, wie er davonkäme, am besten in Zivilkleidung, ohne Waffen - das war die Höhe an Verlust von Moral! (zwanzig Jahre später fand ich die Stelle wieder, eine Furt auf dem Weg von Nueva Guinea nach El Almendro...)

Ich sass wie vor den Kopf gestossen da und wusste nicht, was ich tun sollte, während um mich herum plötzlich hektisches Treiben einsetzte. Alle hatten irgendwie immer noch Zivilklamotten dabei, zogen sich um, warfen in einen Graben die Waffen und das Gepäck und bildeten kleine Gruppen, um loszuziehen. Mich forderten sie auf, endlich auch zu machen und fertig zu werden. Da sah ich Porfirio, den Indio aus Monimbó, der beim Sturm auf den Nationalpalast mit dabei war, Felipe aus Solentiname, der durch diese Aktion freikam – ich hatte ihn als tapferen und kaltblütigen Guerrillero kennengelernt, vor allem in dem einen Hinterhalt, noch vor ein paar Tagen; jetzt warf er auch Gewehr und Panzerfaust weg und suchte das Weite. Welch eine Schande, abgesehen von der Sinnlosigkeit! Ich kriegte Antolin zu fassen und fing mit ihm zu diskutieren an; vor allem das Argument mit der Schande zog.

Auch Chacalote konnte ich überzeugen, schliesslich blieben insgesamt 8 übrig, die weitermachen wollten, darunter überraschenderweise auch Domingo selbst. Dann wühlte ich im Graben unter den weggeworfenen Sachen rum und suchte mir das beste aus: ein guterhaltenes FAL mit 8 Magazinen im Tausch gegen mein MG 42 (das einzige, was ich wegwarf, es taugte sowieso nichts), einen US-Rucksack (ich hatte zufälligerweise einen von den Brüdern von der Atlantikküste erwischt). Dann räumte ich alles um, immer unter dem Drängen der übrigen, endlich von dort abzuhauen. Zuerst einmal hiess es, sich zu verstecken, weshalb wir zum nächstgelegenen Urwald eilten. Dort wollten wir die Nacht abwarten und dann weiterziehen. Ich schlug vor, alle sollten ruhen and bot mich auch als erster Posten an, was von den anderen dankbar angenommen wurde. Ich wollte zum einen wieder Form in das ganze kriegen (es war einfach ein Unding, ohne Posten zu schlafen), zum anderen hatten wir ja immer noch zwei Gefangene dabei, den Sohn des Juez de Mesta (Landrichter, Weilervorsteher), der schon lange bei uns war, sowie den unglückseligen Campesino, der uns in den Hinterhalt geführt hatte. Auf diese musste ja auch aufgepasst werden. Nach zwei Stunden weckte ich meinen Nachfolger und ging schlafen. Früher als erwartet, noch am hellichten Nachmittag, wurde ich geweckt.

Die anderen hatten wahrend meines Schlafes Kriegsrat gehalten und hatten sich gegen meinen Plan entschieden, den Kampf fortzusetzen, indem man sich erst einmal in den dichten Urwald absetzt und von dort aus versucht, Aktionen gegen die Guardia zu starten. Vielmehr standen alle um mich herum und drängten mich, mich auch in Zivil umzuziehen; ich war wieder völlig verdattert. Der Chacalote wollte mir gleich meine Militärhose ausziehen, scheiterte aber daran, dass ich noch Stiefel anhatte und die Hose zu eng war. Deshalb schnitt er sie einfach auf. Gross war dann die Überraschung, als ich keine Zivilklamotten hatte - ich hatte an einen solchen Fall nicht einmal im Traum gedacht! Mit Mühe und Not konnte ich aus meinem Rucksack ein altes blaues Trikothemd hervorzaubern, aber Hose war Fehlanzeige. Deshalb wurde einer der beiden Campesinos gezwungen, die seine aus- und die meine, aufgeschnitten wie sie war, anzuziehen. Da ich extrem damals dürr war, passte sie mir sogar einigermassen, aber sie war sehr unangenehm, aus einem dicken, kratzigem Stoff, dreckig und wie sich später herausstellte, voller Zecken (vorher hatte ich die ganzen Tierchen vermeiden können).

Noch ein grösserer Schreck traf mich, als sie anfingen, die Waffen in einem hohlen Baumstamm zu verstecken, angeblich nur für kurze Zeit. Naja, wenigstens waren die Sachen gut versteckt und nicht weggeworfen wie bei den anderen. Trotzdem beharrte ich auf der Sache mit den Waffen, worauf mir erklärt wurde, wir könnten keine Langwaffen jetzt mitnehmen, jetzt, wo wir in bewohnten Gegenden seien. Das wollte zwar alles nicht in meinen Schädel hinein, aber schliesslich war ich ja alleine gegen alle. Als einziges Zugeständiis nahmen wir die beiden Faustfeuerwaffen und zwei Handgranaten mit, von denen ich eine ergatterte. Aber auch das war natürlich lächerlich: acht Leute mitten in Feindesland, wo es von Guardia nur so wimmelte, mit einer Pistole, einem Revolver und zwei Handgranaten! Solche Entscheidungen kann man nicht erklären, sie sind nur zu verstehen aus der allgemeinen Paniksituation heraus. So verschwanden 6 FAL, die besten des Zuges, das Para-FAL von Domingo und ein M1-Karabiner im Baumstamm, neben vielen anderen guten Sachen, um die ich auch trauerte, wie meinem portugiesischen Tarnhemd.

Und noch in der Helligkeit, ebenfalls ein Unsinn, gings weiter. Die Idee war, zur Finca vom Onkel von Gregorio zu kommen, die angeblich relativ nahe war, um uns dort zu erholen und abzuwarten, bis die Guardia sich beruhigt hatte. Dann wollte man zurückkommen, um die Waffen zu holen und weiterzumachen (Gregorio, der aus San Miguelito stammte, kam übrigens später sogar zu seinem Onkel, der aber nichts anderes zu tun hatte, als ihn zu erschlagen). Wir zogen also los, vorbei am Graben, am felsigen Flussbett und am Bauernhof, den wir allerdings umgingen, Richtung Westen, immer in relativ bewohnten Gegenden. Am nächsten Morgen trafen wir in einem Bachbett auf fermentierten Mais, von dem einige, unter anderem ich, assen, zusammen mit viel Wasser. Das war nämlich eine weitere Schwierigkeit: da wir jetzt als Zivilpersonen erscheinen sollten, hatten wir auch keine Feldflaschen mehr, weshalb wir zum ersten Mal Durst litten. Gleich danach trafen wir auf eine Gruppe Leute, die sehr unangenehm davon berührt war - wie wir auch - denn wir hatten sie beim Schnapsbrennen überrascht (deswegen der fermentierte Mais). Wir plauderten mit ihnen, vor allem mit einer Alten, und machten uns dann aus dem Staub. Ab jetzt erzählten wir natürlich immer was vom Pferd, wer wir seien, wohin wir gingen etc., aber es war natürlich klar, wer wir waren, trotz Verkleidung. Von jetzt an liess sich der Kontakt mit Leuten überhaupt nicht mehr vermeiden – in offenem Gelände und am hellichten Tag! Kurz vor der Mittagszeit trafen wir auf eine comideria (ein Haus, wo Essen verkauft wird), wo wir kräftig zulangten. Geld hatten wir ja. Domingo hatte nämlich bei unserer Trennung zuerst einmal die 300 Córdobas, die jeder hatte, eingesammelt, die Kriegskasse dazugelegt und durch alle Weggehenden geteilt; so kriegte jeder so an die 1000 Córdobas. Für uns übrigen acht behielt er auch etwas übrig, wenn auch nicht ganz so viel.

Mir war bei der comideria nicht wohl. Während wir uns die Bäuche vollschlugen, kamen und gingen dauernd Leute. Beim Weggehen schnappte ich mir noch ein Stück Käse als Wegzehrung, dann gings weiter, zuerst in eine angebliche Richtung, danach in die wirkliche. Wieder trafen wir auf die gleiche Alte, die uns in ein Gespräch verwickelte. Chacalote drängte zum Weitergehen, vier von uns gingen daraufhin voraus, die anderen vier, Domingo, Susanna (die einzige Frau), Manolo / Gregorio und Quedito, zusammen mit den beiden Gefangenen, blieben noch etwas zurück.

Wir gingen gerade die nächste Steigung hoch, inmitten eines dichten Busches, als von links ein anderer Weg einmündete. Ich schaute in das Dunkel im Vorbeigehen hinein und sah ein Gesicht; zum hinter mir gehenden Antolin sagte ich: "schon wieder Leute". Er war in dem Augenblick auch an der Stelle, wo man hineinschauen konnte, stiess "la Guardia" aus und war trotz seiner immer noch vorhanden Körperfülle schon an mir vorbei. Ich stand zuerst einmal verdutzt da, erst die Feuerstösse brachten mich zum laufen, dann aber richtig; bald hatte ich den Antolin überholt, dann auch den Jacinto, ich war gerade dabei, zum Chacalote aufzuschliessen, als dieser auf einer Anhöhe halt machte und danach nach links in den dichten Busch abtauchte. Von vorn kam nämlich auch Guardia. Bevor ich noch gross schaute. waren die anderen beiden auch schon im Gebüsch verschwunden; Antolin rief mir noch zu, ich solle die Spuren verwischen, was ich auch notdürftig machte, bevor auch ich mich daran machte, auf allen Vieren wie ein Wildschwein durchs Unterholz zu brechen. Keiner von uns ist bestimmt vorher je so schnell, so weit und unter so schwierigen Umständen gekrochen wie dieses Mal! Anfangs war ich wieder der letzte, aber ich überholte die anderen beiden wieder und schloss zu Chacalote auf, bis dieser in einem ausgetrockneten

Bachbett haltmachte und sich hinsetzte; als allerletzter kam Antolin, völlig erschöpft und bestimmt mit zitternden Knien, nicht bloss von der Anstrengung, sondern auch vom Schreck; er hatte auch nichts eiligeres zu tun, als sich die Hose herunterzureissen und zu scheissen, da wo er gerade war. Das war so komisch, dass wir anderen drei trotz der ernsten Lage lachen mussten.

Unsere Lage war wirklich ernst. Die Guardia war bestimmt nicht zufällig hier, sondern weil wir verraten worden waren. Wir hatten die Alte sehr schwer im Verdacht, vor allem, weil sie versucht hatte, uns in ein Gespräch zu verwickeln und uns damit aufzuhalten. Wir hörten das Trampeln von Soldatenstiefeln und die Befehle, auch wenn wir sie nicht verstehen konnten, von allen Seiten - kurz und gut, wir waren umzingelt! Wir befanden uns in einem Busch von der Art, wie er entsteht, wenn eine Rodung nach einigen Jahren Nutzung wieder aufgegeben wird: er ist sehr dicht, aber nicht sehr hoch, höchstens drei, vier Meter mit ein paar Büschen von sechs, acht Metern. Nach drei Seiten hatten wir leidlich Aussicht, wenn wir uns hinstellten, nach der anderen ging es hoch. Wir entdeckten, dass der Busch nach allen Seiten hin etwa dreihundert Meter Ausdehnung hatte und nach einer Seite hin dann in einen niedrigen Wald überging. Was tun? Darüber entbrannte eine heisse Diskussion; schliesslich einigten wir uns auf folgendes: wir würden da bleiben, wo wir waren, die Dunkelheit abwarten und dann versuchen, aus der Umkreisung zu entkommen; sollte die Guardia den Busch durchkämmen, möglichst leise ausweichen und nur im Notfall eine Handgranate werfen und davonlaufen. Plötzlich hörten wir das Brummen eines Hubschraubers, das immer näher kam. Der niedrige Busch bot nur ungenügende Tarnung nach oben, noch dazu hatte Jacinto eine rote Hose und ich ein blaues T-Shirt an! Ich raunte den anderen zu, sie sollten sich nicht irgendwo hinlegen, sondern in den Schatten;

am besten war dazu das ausgetrocknete Bachbett geeignet, wegen des Einschnitts und einiger höheren Büsche war da noch am ehesten Tarnung. Leider stand die Sonne sehr hoch, es war ja früher Nachmittag, so dass die Tarnung nicht ausreichte. Als der Hubschrauber schon sehr nahe war, kam mir die rettende Idee, Laub vor allem über die verräterischsten Kleidungsteile zu werfen, was die anderen auch wie verrückt taten, weshalb ich ihnen schliesslich zurufen musste, ruhig und mit dem Gesicht nach unten zu liegen.

Das erste Mal flog der Hubschrauber noch ziemlich hoch über uns weg, danach jedoch ein paar Mal sehr niedrig, so niedrig, dass das trockene Laub, das wir über uns geworfen hatten, davonflog. Offensichtlich entdeckten sie uns aber trotzdem nicht oder sie hatten zuviel zu tun mit den anderen, wobei aber keine Schiessereien zu hören waren, obwohl zumindest Quedito ja einen Revolver hatte. Wir lauschten ganz angestrengt weiterhin, wobei es allmählich ruhig wurde und wir mehr die von uns verursachten Geräusche hörten als die von anderen. Das musste aber nichts heissen, im Gegenteil, in der Stille hörten die anderen besser die unseren. Jetzt ging wieder die Diskussion los, was wir machen sollten. Ich war wie immer in solchen Fallen gegen Hast und Bewegung, damit fällt man nur auf, aber zumindest leuchtete mir das Argument von Chacalote ein, dass es günstiger war, sich am Tage möglichst weit dem Rand des Busches zu nähern, was mit weniger Geräusch und besserer Orientierung verhunden war. Also gings los, kriechend, einer hinten dem anderen, unter Vermeidung von Geräusch, Bewegungen der Pflanzen und von Spuren. Dazu half uns mein spanisches Springmesser, das einzige diesbezügliche Werkzeug – es sollte uns auch noch später wertvolle Dienste leisten. Als¨ wir schliesslich halt machten, ging es mit der Diskussion weiter, diesmal, wohin wir gehen sollten, wenn wir je aus diesem Schlamassel herauskommen sollten.

Zum Onkel von Gregorio konnten wir ja nicht mehr gehen, da wir den nicht mehr dabei hatten. Zuerst wurde überlegt, ob wir uns nicht nach dem Pazifik durchschlagen sollten, in die Heimatstädte von Chacalote und Antolin, Granada oder Masaya, was aber wegen der Gefahren auf dem Weg verworfen wurde. Mein Vorschlag, zum Depot zurückzugehen und die Waffen zu holen, um weiterzumachen, wurde erst gar nicht beachtet, vielmehr einigten sich die anderen drei darauf, nach Costa Rica zurückzukehren, in unser Lager. Ich wollte, um schneller voranzukommen und leichter die Orienentierung zu halten, noch etwas weiter nach Westen, zum See hin und dann nach Süden, was die anderen aber als zu gefährlich verwarfen - sie wollten möglichst geradlinig durch den Urwald zurück, nach Südosten, wobei ein gutes Argument der Kompass von Antolin war. Während dieser ganzen Diskutiererei ass ich das Stück Käse auf, das ich mittags mitgenommen hatte, im Magen war es für mich am besten aufgehoben. Der Käse war aber wahnsinnig gesalzen, was natürlich den entsprechenden Durst mit sich brachte, ohne dass wir aber Wasser gehabt hätten. Die anderen hatten auch Durst, vom Laufen und von der Hitze der Nachmittagssonne, ich aber noch viel mehr!

Schliesslich wurde es dunkel und wir arbeiteten uns vorsichtig bis an den Rand des Gestrüpps vor, wo wir eine Lauschpause einlegten. Sehen konnten wir kaum etwas, nur einen Weg erahnen, der am Busch vorbeiführte. Es rührte sich nichts, weshalb wir einzeln die kurze Strecke zum Wald im Sprung überwanden. War es zuerst dunkel, so war es jetzt stockdunkel, denn der niedrige dichte Urwald liess kein Licht eindringen. Wir warteten noch eine Weile, dann gings los, zuerst in den Wald rein und dann parallel zum Weg, was nicht nur sehr beschwerlich, sondern auch fast unmöglich war; nachdem wir alle vier nacheinander noch an einen Palo de Hormigas (Baum, der über und über mit Feuerameisen bedeckt ist) gelangt hatten, mit dem entsprechenden schmerzlichen Resultat, hatten wir die Schnauze voll und gingen zum Weg zurück. Dort angelangt, überlegten wir noch einmal das Vorgehen, vor allem, was zu tun sei, wenn wir auf Guardia stossen sollten, und unsere Reihenfolge. Schliesslich kam folgendes raus: Jacinto sollte der erste sein, er kannte als Campesino am besten den Urwald und war auch am unruhigsten, er konnte sich im Notfall am besten als Einheimischer verkaufen; dann kam Chacalote mit unserer besten Waffe, der Browning-Pistole mit 13 Schuss (ohne Reservemagazin, das hatte er auch im Versteck hinterlegt!), ausserdem war er als Ranghöchster gewissermassen unser Chef, obwohl das kaum zum Tragen kam; danach folgte Antolin, als körperlich schwächster mit einem "sicheren " Platz; ich machte wieder Schlussmann, mit meiner Handgranate, wobei mich die anderen gewissenmassen auch verstecken wollten, mir war das aber nur recht, schliesslich war ich damit kaum in Gefahr, zuerst auf den Feind zu stossen; wenn ich schon nichts zu entscheiden hatte und die ganzen Dummheiten der anderen nicht bloss zu ertragen, sondern auch mitzumachen hatte, so wollte ich wenigstens nicht unbedingt auch alle negativen Folgen tragen. Trotzdem musste ich natürlich auch nach hinten aufpassen - die anderen hatten in ihrer hysterischen Angst die Ansicht, ich würde das zuwenig machen, am liebsten hätten sie mich rückwarts gehen sehen. Dabei war gerade ich es, der an den wirklich gefährlichen Stellen zur

Vorsicht aufrief, wahrend Jacinto ungeduldig immer weiterging und uns dadurch eigentlich permanent in Gefahr brachte.

Nach einer Weile führte der Weg aus dem Wald heraus auf Weideland; schliesslich kamen wir auch an einem Rinnsal vorbei, worin wir uns schier ersäuften. Kurz darauf sahen wir von Ferne eine Hacienda, die wir weiträumig umgingen; später erfuhren wir, dass auf der Hacienda die Guardia ein Lager hatte und der Besitzer der Juez-de-Mesta der Gegend war! So gings die ganze Nacht durch, immer mit Umgehungen von Gehöften, möglichst weit weg! Am frühen Morgen überprüften wir mit dem Kompass die Richtung - fast Westen, was den anderen natürlich überhaupt nicht schmeckte. Deshalb gingen wir bei der nachsten Abzweigung nach links, nach Süden, auf einem kleineren Weg. Ab jetzt gingen wir nur noch in Ausnahmefällen querfeldein, sonst auf Wegen und Pfaden. Wenn es zu gefährlich schien, wurde die Nacht abgewartet, vor allem wenn es sich um einen grossen Weg handelte wie am folgenden Tag, einen Weg, der vor allem zum Herausholen von Holz diente und im Urwald gross-spurig Carretera (Landstrasse) genannt wird.

Dieses Warten auf die Nacht sollten für die nächsten acht Tage unsere einzigen Marschpausen werden, sonst wurde immer marschiert, mindestens 14 - 16 Stunden am Tag! Diese Pausen dienten nicht nur zum Schlafen, sondern es entwickelten sich noch zwei andere Rituale: zum einen die Körperpflege, die vor allem im Entfernen von Tierchen, meistens Zecken, bestand (ich hatte dank der Campesinohose jetzt auch welche); zum anderen hatte der Antolin am Hals so eine Art Amulett, in dem auf einem Papier ein Mariengebet drin war; das holte er nach jedem Schrecken, vor jeder Gefahr und in den Pausen raus und leierte es runter; nach so vielen Malen hätte er das Gebet eigentlich schon auswendig können müssen, aber er holte das Papier immer wieder raus.

Am zweiten Tag hatten wir schon wieder mächtig Hunger und Jacinto wollte schon um die Mittagszeit bei einem Gehöft einkehren, wir konnten ihn wenigsten bis abends vertrösten, schliesslich hatten wir dann eine ganze Nacht Vorsprung, wenn wir verraten werden sollten. Am Nachmittag schickten wir ihn los, um was zu suchen, er fand auch gleich in der Nähe etwas ideales: ein sehr ärmliches Haus, das von einem alten Paar bewohnt wurde. Sie hatten selber kaum etwas, die Frau gab uns aber Bohnen mit Tortillas. Chacalote bezahlte dann mit einem grossen Schein (kleine hatte er nicht), was den beiden unheimlich war. An Wechselgeld war sowieso nicht zu denken, wir machten uns so davon, in der Hoffnung, dass sie uns nicht verraten würden. Gesagt wurde wenig, wenn, dann kam die Geschichte, dass wir Land suchen würden, oder es wurde nach dem Weg und nach der Guardia gefragt. Das war natürlich Schwachsinn, weil das nur noch verdächtiger machte. Kein Campesino rennt ohne Machete herum; wenn er sich nach dem Weg erkundigt, dann nach einer bestimmten Richtung, aber nicht nach allen, aber das war Antolins "Methode", die Leute angeblich irrezuleiten. Die Leute machten sich natürlich ihren eigenen Reim drauf, das Buschtelefon funktioniert schliesslich gut und schnell – noch schneller mussten wir sein, zumindest was die Nachrichten konkret auf uns bezogen betraf.

Durch die Besuche der Gehöfte kriegten wir nicht nur einmal am Tag was an essen, sondern auch mehr Gerät, denn Antolin liess eine alte Machete und Jacinto einen kleinen Kanister für eine Galone Inhalt mitgehen; vor allem letzteres war sehr praktisch, da wir so unabhängiger von Wasserläufen waren und nicht mehr

Durst leiden mussten. Jacinto schleppte immer einen grossen Stock durch die Gegend, Chacalote immer griffbereit die Pistole (ausser, wenn wir auf Leute stiessen, da hatten wir drei immer die grossen Beulen in der Hose), Antolin die Machete, weshalb die Galone an mir hängenblieb. Am dritten oder vierten Tag trafen wir auf zwei Bauern, die gerade ein Stück Urwald rodeten. Da sie uns schon gesehen haben mussten, wollten die anderen gleich mit ihnen reden und das übliche fragen. Ich hielt mich ein wenig zurück, nicht nur, um nicht allzu aufzufallen, sondern auch, um zu sichern. Nach dem Gespräch kamen die anderen wieder auf dem gleichen Pfad zurück, nach der nächsten Biegung fingen sie plötzlich wie wild zum laufen an, so wie ein paar Tage zuvor, nach kurzem Lauf gings wieder ab ins Gebüsch, wie auch schon bekannt, nur dass es diesmal Urwald war und man noch einigermassen laufen oder besser turnen konnte. Mir blieb wieder mal nichts anderes übrig als mich anzuschliessen, obwohl ich nicht wusste warum. Die liefen und hetzten, bis ihnen ein steiler Berg die Luft wegnahm und sie alle erschöpft zu Boden fielen, aber nicht nur vor Anstrengung, sondern auch vor Schreck. Nur mühsam und unwillig gaben sie mir Auskunft, warum die ganze Panik: in dem Weiler, in dem die Bauern wohnten, war auch Guardia stationiert, eine ganze halbe Stunde von der Rodung entfernt. Ich fand das ganze nicht wert, deswegen in Panik auszubrechen, mit mehr Ruhe hätten wir zum Beispiel zumindest die Spuren verwischt. Die Erholungspause nutzten wir, um die kleinen Früchte von einigen wildwachsenden Papayas zu essen. Dann gings weiter, diesmal quer durch den Urwald; rein nach Kompass.

Es war auch das einzige Mal, dass wir nachts schliefen, denn nachts konnte man im Urwald ohne jeden Weg unmöglich marschieren. Wir hatten uns gerade hingelegt - Hängematten hatten wir ja keine mit - als wir auch schon wieder hochfuhren, denn wir hatten uns in der Dunkelheit an einer Stelle schlafen gelegt, die von Jejenes verseucht war, winzig kleinen weissen Insekten, die furchtbar beissen. Nachdem wir die Viecher leidlich abgeschüttelt batten, suchten wir uns einen neuen Schlafplatz. Eine Wache war hier mitten im Urwald auch nicht nötig, so dass es das einzige Mal in acht Tagen war, wo wir ungestört und ausgiebig schliefen.

Am nächsten Tag änderte sich die Vegetation durch die Höhe und der Urwald ähnelte einem gepflanzten deutschen Laubwald, fast ohne Unterholz. Wir kamen so schnell voran, auch begünstigt durch das frische Klima. Abwärts gehend kamen wir wieder in bewohntere Gegenden, erkennbar an Wegen, die wir jetzt wieder nutzten, um schneller vorwärts zu kommen. Hier kannte sich Jacinto auch etwas aus und er führte uns zu einem grossen Bauernhof zu Leuten, die er kannte. Wir kamen zur Mittagszeit an, es war wieder mal ein grosses Risiko, am hellichten Tag auf einer Finca aufzutauchen. Der Mann, den Jacinto kannte, war ein Angestellter und hatte erst abends für uns Zeit, d.h. er sollte uns dann eine Weile führen. Den ganzen Nachmittag blieben wir im Haus versteckt, konnten aber ziemlich viel essen. Abends gings schliesslich los. Zuerst führte der Weg an einem Haus vorbei, in dem angeblich nicht sehr zuverlässige Leute drin wohnten, ein Grund, warum wir uns den ganzen Nachmittag versteckt hielten. Anstatt nun einfach vorbeizugehen oder irgendwas unverfängliches zu erzählen, machte unser neuer Führer genau das falsche und drohte den Leuten, ja nichts zu erzählen!

Dann gings in den Urwald - stockdunkel wars, man sah die sprichwörtliche Hand nicht mehr vor den Augen, der Weg war schrecklich, wir konnten uns nur dadurch zusammenhalten, indem jeder den Vordermann an der Schulter packte. Nach einer guten Weile kamen wir in freieres Gelände und uns torkelten die ersten Betrunkenen entgegen; dann hörten wir auch schon den Lärm eines Festes. Es war San José Labrador (ein Josefsfeiertag), der Ortsheilige, und unser Führer wollte unbedingt mit uns auf das Fest. Der Mann war ein hochgradiger Idiot, er fühlte sich ganz gross in seiner Rolle und wollte damit angeben. Nur mit Mühe konnten wir ihn davon abbringen und er führte uns ein Stück weiter an einen Fluss, wo ein paar Boote an einer Landungsstelle angebunden waren. Mit diesen sollten wir flussabwärts fahren, das wäre die schnellste Art. Wir verabschiedeten uns von diesem unseligen Gesellen, der bestimmt nichts besseres zu tun hatte, als auf das Fest zu gehen und alles zu erzählen, und bestiegen das eine Boot. Von fahren konnte keine Rede sein, denn der Fluss führte so wenig Wasser, dass wir das Boot von einer Sandbank über die nächste tragen mussten. Schliesslich hatten wir genug des bösen Spiels, liessen den Kahn liegen und krabbelten eine steile Uferböschung hoch mit dem Erfolg, dass ein Hund zu bellen anfing, gleich danach kam auch schon der Besitzer mit einer Machete, um nach dem Rechten zu sehen. Er kam schnurstracks auf uns zu, mit einer Taschenlampe das Gelände absuchend, bis dem Chacalote nichts mehr anderes einfiel als ihm laut zu drohen, er solle sich nicht rühren, sonst würde er auf ihn schiessen. Der Mann blieb stehen und wir purzelten alle vier die Böschung hinunter, durchquerten den Fluss und kraxelten die andere Böschung wieder hoch, gefolgt von einer der schon bekannten panikartigen Absetzbewegungen durch dick und dünn. Die ganze übrige Nacht über marschierten wir dann auf kleinen Wegen, immer Richtung Süden/Südosten. In einer der Pausen, als wir nach einer Bachdurchquerung wieder mal unsere Stiefel entleerten, versuchte ich die anderen zu überzeugen, dass wir ab jetzt jeden Menschenkontakt meiden sollten, verhungern würden wir schon nicht. Die anderen reagierten äusserst unwirsch darauf und es fing ein Streit an; genützt hat es nichts, denn schon am nächsten Tag gab es wieder das alte Spiel: wir drei versteckten uns, Jacinto zog los. Nach einer Weile kam er zurück mit der Botschaft, er hätte einen Laden entdeckt, wo man auch essen konnte, sehr gut sogar, er hatte schon. Ich dachte sofort an die Comideria unseligen Angedenkens, aber die anderen beharrten darauf hinzugehen, vor allem, weil es da auch Chicha (Maisgetränk) gab. Also gingen wir hin, uns sahen natürlich wieder eine Menge Leute; wir schlugen uns die Bäuche voll und machten auch noch den Kanister voll Chicha; sogar zwei Stück Kernseife kauften sie. So konnten wir uns danach an einem Bach uns und unsere Wäsche mit der gerade erworbenen Seife waschen und haben somit auch den süsslichen Leichengestank verloren, der von wochenlangem Schweiss und Dreck herrührte. Dann gings frisch gewaschen weiter.

Da wir zum ersten Mal Wechselgeld bekamen, schlug ich bei der ersten Rast danach vor, doch das Geld auf die Leute gleichmässig zu verteilen für den Fall, dass wir zerstreut würden, so hätte jeder was gehabt. Aber die anderen brausten schon wieder auf und faselten etwas von Misstrauen. Tatsache war, dass sie mit den Nerven völlig fertig waren und die Anspannung nicht mehr gut ertrugen. Auf dem Weg fanden wir auch zwei wild wachsende Ananas, die aber noch so grün waren, dass ihr Saft uns das Zahnfleisch bluten liess. Wir waren die letzte Zeit immer dem Rio Santa Cruz gefolgt, bis wir in ein kleines Dorf kamen, wo Jacinto eine Frau kannte. Er ging zu ihr hin, natürlich wieder am hellichten Tage! Die Frau war dann auch völlig verängstigt, obwohl sie Jacinto kannte, wollte uns auch kein Essen geben, informierte uns aber darüber, dass einen halben Tag zuvor eine Patrouille der Guardia vorbeigekommen sei. Wir machten uns deshalb schnellstens davon, mussten dabei aber auf einem grossen Baum den Fluss am hellichten Tag überqueren, ein Wahnsinnsleichtsinn! Immerhin gab uns die Frau noch ein Fresspaket mit Reis und Bohnen mit; so wanderten wir wieder möglichst weit weg von Ansiedlungen und Wegen weiter.

Die anderen hatten auch noch Erkundigungen über den Weg eingeholt bei der Frau, weshalb wir jetzt Richtung Osten gingen, um auf den Weg zu kommen, den unsere Kolonne am Anfang nach Überquerung des Rio San Juans geschlagen hatte. Unterwegs platzte der Boden der Tüte mit dem Reis und den Bohnen und unser Wegzehr lag auf dem Weg. Antolin setzte sich sofort hin und ass das, was noch zu essen war; ich gesellte mich dazu, man soll ja gerade in so einer Lage nichts verkommen lassen, auch wenn es manchmal zwischen den Zähnen verdammt knirschte, wenn man mit der Hand zu nah dem Boden kam. Den Rest beseitigten wir, um keine Spuren zu hinterlassen. Bald kamen wir auf den von uns hinterlassenen Weg, der recht ansehnlich geworden war, weil ihn die Bauern der Gegend nun auch benutzten, wie man an den Spuren unschwer erkennen konnte. Also warteten wir die Nacht ab, die wir dann voll durchmarschierten; nach einer kleinen Bedenkpause marschierten wir auch weiter, als es schon hell war, trotz der Gefahr, hier mehr denn je auf Guardia zu stossen. Aber die Aussicht, bald nach Costa Rica zu kommen, war eine zu grosse Verlockung, als dass die anderen hätten widerstehen können; sie verlieh ihnen auch neue Kräfte, vor allem Antolin, der schon ziemlich am Ende war. Es war fast ein Spaziergang in bekannter Umgebung, am frühen Nachmittag erreichten wir den Fluss an genau der gleichen Stelle, an der wir ihn vor einigen Wochen überquert hatten, bei einer verlassenen Vieh-Hazienda. Von einer Anhöhe beobachteten wir, ob es irgendein Anzeichen auf Guardia gäbe und ruhten uns aus. Eigentlich wollten wir erst nach

Einbruch der Dunkelheit zum Fluss gehen, aber die anderen hielten es vor Ungeduld wieder einmal nicht aus, so dass wir schon eine halbe Stunde vor Sonnenuntergang runtergingen.

Da Antolin nicht schwimmen konnte, mussten wir etwas suchen, mit dem wir ihn rüberschaffen konnten. Das einzig greifbare Ergebnis unseres Suchens war ein altersschwaches Kanu mit einem riesigen Loch im Boden. Antolin sollte während der Fahrt ausschöpfen, Chacalote und ich wollten rudern, Jacinto wollte vorausschwimmen. Wir waren noch keine zehn Meter gepaddelt, als.das Boot wegen zuviel Wasser unterging und wir mit ihm. Antolin schrie trotz der Situation wie am Spiess, Chacalote konnte ihn aber retten. Also musste Antolin einstweilen dableiben, allerdings mit allen "Waffen" ausgestattet, dazu mit all unserer Wäsche ausser Hose/Unterhose.

Wir anderen drei schwammen los, wobei ich mir den leeren Kanister als Schwimmhilfe mit einer Schnur um den Hals vor die Brust band - für alle Fälle, denn ich bin ja nicht der beste Schwimmer und der Fluss war an dieser Stelle bestimmt mehr als 150 Meter breit. Ich als schlechtester Schwimmer war der letzte, Jacinto war der erste, denn er brauchte ja keine Vorbereitungen zu treffen. Chacalote holte auf, er war ein guter Schwimmer und hatte Bärenkräfte. Es war ein schöner Sonnenuntergang, völlig friedlich, mit sehr seltenen Farben: die Wolken waren violett, aussen herum eine Mischung aus orange und himmelblau, die untergehende Sonne - gerade der letzte Teil war noch zu sehen - dunkelrot.

Schon nach den ersten Metern merkte ich, dass mich mein Kanister mehr störte als dass er mir half. Nachdem ich ihn mehrmals zurechtgerückt hatte, rückte ich ihn nach hinten, wobei die Kanisterschnur in die Gurgel schnitt - schweren Herzens riss ich mir den Kanister herunter und überliess ihn der Strömung, die anfangs gar nicht so stark war. Da wir aber an der inneren Seite eines leichten Bogens ins Wasser gegangen waren, hatten wir die Hauptströmung an der Aussenseite, also an der gegenüberliegenden Seite. Ich war noch nicht einmal in der Mitte, als Chacalote gerade in den Bereich der Strömung geriet. Der Schrecken, den das bei ihm hervorrief, ein paar Schluck Wasser, die ihn husten liessen, der Druck, doch noch von der Guardia entdeckt zu werden kurz vor Erreichung der rettenden Grenze sowie der physische und psychische Druck der vergangenen Wochen liessen ihn durchdrehen und wilde Bewegungen machen, wie wenn er ertrinken würde. Wir waren beide zu weit weg, um ihm direkt helfen zu können, denn Jacinto war gerade auf den letzten Metern; ausserdem hätte ich es mir dreimal überlegt, mich diesem wild um sich schlagenden Muskelpaket in dieser Strömung zu nähern. So blieb uns nichts anderes übrig, als beruhigend auf ihn einzureden. Jacinto riss ein Schilfrohr aus und ging wieder so weit ins Wasser, wie er stehen konnte, Das war sprichwörtlich der Rettungshalm für Chacalote - er war völlig fertig und musste regelrecht aus dem Wasser gezogen werden, wo er so, wie er lag, mindestens eine halbe Stunde liegenblieb.

Wir beiden machten uns auf, barfuss und triefend durch das hohe Schilf zum verlassenen Bauernhaus vorzudringen. Meine Hauptsorge galt allerdings nicht wie bei Jacinto der Erkundung des Hauses, sondern der Suche nach einem Boot, um Antolín zu holen. Nach einem alten Einbaum, zu dem ich verständlicherweise kein grosses Vertrauen mehr hatte, fand ich durch einen glücklichen

Zufall in der Nähe noch ein umgedrehtes Aluminiumboot, das in Ordnung war. Mit der Hilfe von Jacinto drehte ich es um und liess es zu Wasser. Zwei Bretter bildeten die Paddel. Anfangs hatten wir ernste Schwierigkeiten mit dem Boot, denn wir hatten mit unseren Superpaddeln gegen die Strömung zu kämpfen und der Chaot von Jacinto brachte es nicht fertig, koordiniert zu rudern - ausserdem war er auch am Ende seiner Kräfte. Es ging erst besser, als ich allein ruderte und Jacinto nur eingriff, um die Richtung einzuhalten. Es war ein hartes Stück Arbeit, denn das Boot war breit und eigentlich für Motorantrieb gebaut. Ich war aber trotzdem ruhig, denn von Guardia war nichts zu sehen oder zu hören und es war schon kurz vor dem endgültigen Dunkelwerden – da kommt keine Guardia mehr. Schliesslich erreichten wir das andere Ufer, Antolin kam uns mit all den Sachen entgegengelaufen, ihm war offensichtlich nicht sehr wohl allein auf der anderen Seite. Ich bestand darauf, dass er sich auch ein Brett suche, um mitzurudern, aber die Nerven der anderen waren zu gereizt, als dass sie dazu Ruhe gehabt hätten. So musste ich wieder wie ein Idiot rudern, um nicht noch mehr abgetrieben zu werden, während sich Jacinto auf die Richtung und gute Ratschläge beschränkte.

Drüben wartete Chacalote schon auf uns, immer noch sichtlich mitgenommen. Zu viert untersuchten wir dann die Finca, wobei wir vor allem auf essbares aus waren. Ein zweites Wunder: es war, als ob der Besitzer nur eben für einen Abend wegggangen wäre (die anderen klärten mich darüber auf, dass die Besitzer von solchen Fincas aus Furcht vor der Guardia diese verlassen hätten und nur ab und zu tagsüber nach dem Rechten schauten). In zwei Ställen waren Schweine und Hühner, ich wollte einem Schweinchen an den Kragen, aber die anderen lehnten ab, weil es zu viel gewesen wäre und schlachteten vielmehr zwei Hühner. Salz gab es in der Küche, Kaffee und sogar Honig, um ihn zu süssen. Nie hat mir Geflügel so gut geschmeckt wie an diesem Abend, wo wir immer noch ein möglichst kleines Feuer machten und ab und zu innehielten, um zu lauschen - auch wenn wir schon in Costa Rica waren, hatten die anderen immer noch Angst vor der Guardia.

Was sagt der Feind zur erzählten Episode?

Der ehemalige Befehlshaber der EEBI der Nationalgarde, Justiniano Pérez, schreibt in seinem Buch „El Ejército de los Somoza" zu „Nueva Guinea" auf S. 273 – 275 und S.380 folgendes inhaltlich (dazu Gegenüberstellungen des Autors):

Justiniano Pérez	Wolfgang Meier
Ziel der Columna war Chontales	Ziel war die Region Nueva Guinea, erst am Schluss beschlossen die beiden Führer den „Schlenker" Richtung Chontales
Erste Berichte sprachen von einer Invasion von hunderten von Kämpfern, deswegen die starke Reaktion	Das war sicher der Juez de Mesta, der entkommen konnte; eine Übertreibung, sicher bedingt durch die auseinandergezogene lange Schlange an Leuten und Tieren
Spätere Berichte waren genauer	Das war bestimmt Chico Garand mit deiner gestohlenen Liste
Die Aktion der FSLN hat alle Konzepte der Guerrilla-Kriegsführung vernachässigt und missachtet	WIE WAHR!
Die EEBI wurde direkt von Esteli nach Nueva Guinea verlegt	Nach der Niederschlagung des Aufstandes in Esteli
Es gab Tag und Nacht Lufttransport, eine neue Art von Kriegsführung	Er bezieht sich auf die Hubschrauber; sie erlaubten es, so was wie die Amis in Vietnam zu machen, die schnelle taktische Verlegung von Truppen auf dem Luftwege („Air Cavalry")

Einsatz von vielen Hinterhalten	Die EEBI setzte zuerst auf Patrouillen und direkten Kampf, nach der Niederlage von Caño Negro eher auf die klassische Anti-Guerrilla-Kriegsführung mit Evakierung der Bevölkerung, Aushungern, Verrat
Die EEBI kämpfte diszipliniert und effektiv, mit kaum eigenen Verlusten	Im Kampf von Caño Negro war die Guardia nicht sehr effektiv; dort hatte sie viele Verluste; Disziplin gab es sicher nach innen, aber nicht gegenüber der Bevölkerung und dem Feind
Die Aktion dauerte nur einige Wochen	Stimmt; das war ein Fehler der Führung; eine echte Guerrilla-Kriegsführung hätte die Guardia viel länger und effektiver gebunden
Die professionellste Aktion der Guardia mit den besten Resultaten; „der Feind wurde in der Vernichtungszone von der Landkarte gelöscht"	Er erwähnt nicht, dass die meisten der 104 toten Compañeros nicht im Kampf gefallen sind, sondern gefangen genommen und dann ermordet wurden, zum Teil durch Abwerfen aus dem Hubschrauber über dem See (von San Miguelito aus)
Es wurden nur wenige Soldaten eingesetzt	Es wurde die ganze EEBI eingesetzt, etwa 800 Mann, direkt von Esteli aus; nicht erwähnt werden die Landtransporte von anderen Truppen aus Managua (insgesamt 1500 - 2000 Mann)
Es war die grösste taktische Niederlage der FSLN	Stimmt; von 128 Kämpfern und Kämpferinnen kamen 104 um, nur 24 überlebten Nueva Guinea

Analyse der Operation Nueva Guinea

(Übersetzung des Dokumentes von 1979, mehrmals später in der Erzählung erwähnt))

Von: Lobo

An: Poltisch-Mitiltärische Kommission und Kommandant der Südfront Benjamin Zeledon

Betreff: Operation „Nueva Guinea"

Einführung

Da man mich nicht mit kompetenten Gesprächspartnern reden liess, werde ich die Operation auf diese Weise analysieren und kritisieren. Ich werde mich nicht auf Details der Ereignisse beziehen, da die sicher schon bekannt sind. In einem zweiten Teil mache ich einige Vorschläge für die Zukunft.

Ich glaube, dass diese Arbeit notwendig ist, weil viele Irrtümer begangen worden sind und es wurden viele Compañeros unnötigerweise geopfert (und den schlechtesten Kämpfer, den es gibt, ist ein toter Kämpfer). Wenn diese Opfer einen Sinn haben sollen, dann zumindest den, daraus zu lernen und die nötigen Konsequenzen zu ziehen. Ich glaube, dass ich kompetent zu dieser Analyse bin, weil ich

1. *An dieser Operation teilgenommen habe*
2. *Eine relativ gute militärische Ausbildung habe*
3. *Die Guerillakriegsführung mehr als acht Jahre studiert habe*

Diese Arbeit wurde erstellt in Zusammenarbeit mit Bill (William, Amerikaner), Chacalote und Antolín. Ich bitte, eventuelle grammatikalische und stilistische Fehler zu entschuldigen.

Analyse und Kritik der Operation

Sowohl die Idee als auch die Vorbereitung und Durchführung der Operation zeigen, dass die Verantwortlichen die langen Erfahrungen der Guerrillakriegsführungen in aller Welt nicht in Betracht gezogen haben, oder – schlimmer noch – sie gar nicht kannten.

a) Die Idee: in diesem Fall hat man keine Aktion einer Guerrilla geplant, sondern die eines kleines Heeres (120 Kämpfer). Selbst in einer Guerrilla ist dies nicht verboten (siehe Beispiele China, Vietnam, Erythrea, Fonseca-Amador-Front im Norden etc.), aber in diesem Fall hätte man der Einheit die entsprechenden Ressourcen geben müssen (Feuerkraft, Logistik, Mobilität, entsprechende Ausbildung, einschliesslich der Führer, Sicherung der Flanken und des Rückens usw.). Es ist ganz offensichtlich, dass es keine dieser Bedingungen gab! Auch die grosse Entfernung hat eine solche Aktion erschwert - nur ein blinder und dummer Feind hätte eine solche Aktion und eine Einheit diesen Ausmasses nicht entdeckt! Ein dritter Fehler bei der Planung wurde immer grösser bis zum unglücklichen Ende der Operation: der, einen bestimmten Ort (Nueva Guinea) erobern zu wollen; _in einem Krieg geht es aber nicht in erster Linie darum, ein Terrain zu erobern, sondern den Feind moralisch und physisch zu schädigen_ (schon Clausewitz hat das sehr klar gezeigt), und Guerrillas zeichnen sich normalerweise dadurch aus, genau dieses Prinzip zu verfolgen und fast kein eigenes Terrain zu haben! Um das zu wiederholen: das sind keine Erkenntnisse aus dieser Operation, sondern sie sind ein Gemeinplatz (oder sollten es sein). Deswegen war die Idee dieser Operation schon von vorneherein unheilvoll.

b) *Die Vorbereitung: in der Vorbereitung der Aktion gibt es zwei entgegengesetzte Seiten: auf der einen Seite wurden gute Waffen ausgegeben, zum Teil gute Ausrüstung (zum Beispiel im Falle des Medizin-Paketes, das leider von den meisten Kämpfern während des Marsches weggeworfen wurde), auf der anderen Seite gab es grosse Fehler in lebenswichtigen Dingen. Es ist fast unglaublich: das Zielobjekt war praktisch nicht bekannt (die Stadt, die Garnison), es gab keine Karten der Region (ausser einer fotokopierten Karte von ganz Nicaragua; die einzige während der Operation vorhandene Karte war von einem Ausländer, Bill, im Mass-Stab 1: 250.000 !); es gab keine militärische, politische und logistische Vorbereitung in Bezug auf Weg und Ziel; das heisst, man hat sich nur auf das Glück verlassen; man hat nicht gewusst oder nicht in Betracht gezogen, was die Bauern in jener Region denken; die Vorbereitung hat zu lange gedauert und war zu offensichtlich – so hatte der Feind Gelegenheit, von allem zu erfahren und darauf zu reagieren; es fehlte eine adäquate taktische Ausbildung, sowohl der Kämpfer als auch der Führer auf den verschiedenen Ebenen (das war überaus evident auf der Ebene der Kämpfer als auch der niederen Führung; leider kann ich das auf höheren Ebenen nicht beurteilen, weil da keine Übungen gemacht wurden – ich habe das immer wieder kritisiert, aber ohne jeden Erfolg); es wurde keine effektive und permanente Kommunikation zwischen der sich bewegenden Kolonne und der Base 20 vorbereitet. Auf diese Weise, selbst mit einem guten Konzept, wäre der Erfolg mit dieser fehlerhaften Vorbereitung nicht garantiert gewesen.*

c) *Die Durchführung: die Art und Weise der Durchführung der Operation hat die Aussichten auf einen Erfolg noch* mehr in Frage gestellt. Aber erst einmal eine positive Kritik (fast die einzige, die man anführen kann): das Datum des Übergangs über den Rio San Juan war gut gewählt (Karwoche, Karfreitag). Aber schon die Art und Weise, wie er vorgenommen wurde, hat mich schockiert: ziemlich nahe der Guardia (El Castillo) wurde der Fluss am hellichten Tage überquert, jede Gruppe einzeln, ohne Schutz durch andere und ohne Brückenkopf auf der anderen Seite. Da der Feind von der Operation erfuhr, hat er sofort Agenten losgeschickt, um uns zu suchen. Wir haben einen von ihnen am Ostersamstag geschnappt, aber wegen der Sentimentalität von Domingo wurde er nicht getötet – und nach einigen Tagen gelang es ihm zu fliehen und die Guardia zu informieren (das gleiche ist mehrmals später passiert, bis hin zum Gipfel, dass Domingo dem Bauern Geld gab, der uns in einen Hinterhalt führte und der wusste, wo wir die Waffen versteckten!). Das Konzept, im Urwald nach Kompass zu marschieren und seinen eigenen Weg mit der Machete zu schlagen, erwies sich von Tag zu Tag mehr als Fehler, weil es zu viel Zeit und Mühen erforderte; auf der anderen Seite war der gewünschte Effekt, nämlich dadurch nicht entdeckt zu werden, nicht zu erreichen, denn die hinterlassenen Spuren waren zu evident, so dass es für die Spitzel der Guardia ein leichtes war, uns zu folgen; die Bauern haben den Weg danach sogar dauernd benutzt. Auch auf dem Marsch hat die Führung darauf bestanden, die ganze Kolonne zusammenzuhalten (sogar die Nachhut mit dem Tross), was die Marschgeschwindigkeit stark herabsetzte und die ersten Gruppen zwang, unzählige Marschpausen einzulegen und zu warten (um eine Vor-

stellung von der „Geschwindigkeit" zu haben: die Marsch-
strecke, die die ganze Kolonne in einem Monat zurück-
legte, bewältigten die zurückkehrenden Gruppen in 7 bis
10 Tagen).

Der grösste Fehler der Führung war, wie schon erwähnt,
die Angriffsziele beizubehalten, obwohl sie wusste, dass
der Feind von der Kolonne Wind bekam, von ihrer
Marschrichtung, den möglichen Zielen usw. und obwohl
sie wusste, dass ein „Compañero" desertiert war mit allen
Papieren! Ich habe schon vor all diesem betont (und
habe es in diesem entscheidenden Moment und auch danach immer wieder gesagt), dass man eine andere Taktik
hätte einschlagen müssen – aber ohne Erfolg: sie wollte
mit allen 120 nach Nueva Guinea kommen, wussten dabei oft nicht einmal, wo sie im Urwald herumirrten und
sind so in die Falle getappt, die der Feind vorbereitet
hatte. Im Kampf schliesslich zeigte die Führung weiterhin
ihre Unfähigkeit. Der einzige, der in diesen Momenten mi-
litärisch erfahren und fähig war, war Chacalote, weil er
Entschlossenheit, Willen und Bereitschaft zum befehlen
zeigte, auch wenn man über einige seiner Massnahmen
diskutieren kann.

Der Misserfolg unseres Auftrages zeigte sich auch sehr
klar in Bezug auf die Gefechte. Ein Grundprinzip der Gu-
errillaführung ist, dass die Guerrilleros Ort, Zeit und Umstände eines Kampfes bestimmen müssen und dass sie
nur kämpfen sollen, wenn der Erfolg sicher ist. Da der
Feind uns entdeckt hatte, hat er dies alles bestimmt und
uns gejagt. Im zweiten Kampf (dem grossen) konnte man
wenigstens Zeit und Umstände bestimmen, aber man begann den Kampf überstürzt, bevor alle Kämpfer der Ko-

lonne in Kampfstellung waren; so kam es zu einem Un-
entschieden, obwohl wir weit überlegen waren und der
Feind auf der Lichtung war: so wurde die Chance vertan,
die ganze Patrouille zu vernichten.

Da die ganze Aktion schlecht vorbereitet war, gab es
keine Infrastruktur für die Guerrilla, was sich als entscheidender Faktor herausstellte. Meiner Meinung nach kann
man nicht schlecht reden über die Leute, die abgehauen
sind („desertiert"), da die Führung nicht in der Lage war,
die Leute zu ernähren. Nach drei Wochen Hunger war
das desertieren ein Akt des Überlebens: die Schuld lag
mehr bei der Führung als bei den Deserteuren. Diese Be-
hauptung wird noch verstärkt durch das Ende des Zuges
von Domingo: fast eine befohlene Desertion; nachdem er
vorher die ganze Zeit das Gegenteil gesagt und getan
und viel zu lange gewartet hatte, hat Domingo plötzlich
die Meinung gewechselt und überstürzt gehandelt; so
wurden nicht einmal die Waffen und die Ausrüstung gut
versteckt, sondern <u>einfach hingeworfen</u>; nur die der acht
verbliebenen wurden ordentlich versteckt (auch wenn ich
glaube, dass das nicht nötig gewesen wäre – man hätte
weiterkämpfen sollen).

Diese Analyse und Kritik beschränkt sich auf die Führung
und bleibt allgemein. Man könnte mehr ins Detail gehen
und untere Ränge einschliessen, aber da waren die Fehler nicht so entscheidend für den Misserfolg. Für den
zweiten Teil dieser Arbeit jedoch werden einige Fehleras-
pekte berücksichtigt und wie man sie vermeiden kann.
Aber ich will diesen Teil nicht abschliessen, ohne eine
Selbstkritik zu üben. Viele dieser Fehler, vor allem auf
niedrigen Ebenen, habe ich von Anfang an gesehen und

ich habe das gegenüber Domingo und den Ausbildern auch erwähnt, aber ich habe das nicht energisch genug getan. Auf der anderen Seite hatte ich zu viel Vertrauen in die Fähigkeiten der Führung und ich habe nicht genug Energie darauf verwendet, den Plan der Operation zu erfahren, auch wenn ich glaube, dass dies für einen Neuankömmling fast unmöglich gewesen wäre. Auf dem Marsch habe ich nur kurze Kritiken und Vorschläge gemacht, aber nie eine fundierte und kohärente, die vielleicht die Meinung der Führung hätte ändern können.

Vorschläge

Ich teile die Analyse der aktuellen Lage und die Einschätzung der politisch-militärischen Strategie, die die Frente verfolgt, das heisst: jetzt sind wir in einer Phase der Scharmützel und der Vorbereitung einer neuen Erhebung. Ich bin aber nicht einverstanden mit der Art und Weise, wie das gemacht wird. Eine konkrete Aktion habe ich ja gerade kritisiert. Jetzt verallgemeinere ich diese Kritik.

Was hervorsticht, ist die Tatsache, dass fast niemals etwas systematisch gemacht wird. Ich habe das schon in dem Gespräch mit Victor Tirado auf dem Marsch zum Fluss erwähnt, aber ich glaube, ich hatte nicht viel Erfolg, ihn zu überzeugen. Deshalb wiederhole ich es hiermit nochmals: wie die Offensive vom September 78 gezeigt hat, sind die gefährlichsten Teile des Feindes im Falle einer Erhebung die mobilen Verfügungs-Kräfte, das heisst die EEBI, die Luftwaffe, die gepanzerten Einheiten und die BECAT. Vor einer neuen Volkserhebung muss man diese Kräfte vernichten beziehungsweise bedeutend schwächen, systematisch. Wenn es bisher einige Fortschritte in diesem Sinne

gab, so war das immer Zufall. Um etwas systematisch zu ma-
chen, heisst das etwa im Falle der FAN: alle Flugzeuge am Bo-
den zerstören (wo das viel einfacher ist).

Aber auch in der allgemeinen Vorbereitung und in der Koordinie-
rung der verschiedenen Fronten scheint es mir eine fehlende
Systematik zu geben, wobei ich das nicht näher spezifizieren
kann aus Mangel an Informationen.

Wenn man die oben skizzierte Strategie verfolgt, so muss man
auch die Scharmützel der neuen Strategie unterordnen. Diese
werden dann nicht mehr unsystematisch durchgeführt, sondern
es werden Ziele ausgesucht, die strikt in die neue Strategie pas-
sen.

Auf der anderen Seite muss man auch die Effektivität dieses
Kleinkrieges erhöhen, weil nämlich bisher, mit Ausnahme der
Nordfront, in dieser Hinsicht wenig Effizienz und Professionalität
gezeigt wird:

  - *Die Ausbildung der Kämpfer und der Führer muss ver-*
    bessert werden
  - *Es müssen mehr Kommandoaktionen durchgeführt wer-*
    den
  - *Die Gefechte müssen besser vorbereitet werden*
  - *Die Koordinierung der Aktionen muss auf allen Ebenen*
    verbessert werden
  - *Nicht so viel Zeit verlieren (öfter kämpfen)*
  - *Eine Guerrilla-Infrastruktur da aufbauen, wo sie noch*
    nicht vorhanden ist

Wenn man diesen Vorschlägen folgt, kann man auch in Ge-
genden Aktionen machen, wo es bisher ungünstige Voraus-
setzungen für die Frente gibt, wie etwa die Gegend östlich
des Nicaragua-Sees. Der beste Ansatz für diese Gegend

wäre, sie in Zonen zu unterteilen und jeweils eine Gruppe (o-der besser 15 Mann) in jede Zone zu schicken, um dort un-abhängig und auf eigene Faust zu agieren. Eine Zone kann zum Beispiel bestehen aus einem Teil einer Strasse mit ihren Orten, Stützpunkten, Brücken usw. So schafft man ein Netz in der ganzen Gegend, das fast unzerstörbar ist.

Wenigstens ich will effizient und „professionell" wirken – ich hoffe, man gibt mir Gelegenheit dazu. Ich ziehe effiziente Ak-tionen mit wenigen Leuten vor (Kommando, Scharfschützen usw.), als wirkungslose mit einem Haufen von Leuten.

Zum Schluss ein Vorschlag, der mir sehr wichtig erscheint. Die Frente bereitet sich mehr oder weniger gut vor auf die jetzige Phase des Kampfes (Scharmützel und Aufstand), aber nicht auf danach, auf die Zeit nach dem Sieg. Wir wer-den da alle fast ohne Vorbereitung reingehen mit dem Risiko, bei der Verwaltung des Landes, der Organisation des Volkes und der Reorganisation der wirtschaftlichen, politischen, kuk-turellen und anderen Systeme ein Desaster zu erleben.

Zwischenzeit

Es war die erste Nacht, die wir nach langer Zeit wieder in einem Haus verbrachten, zwar auf dem Boden, aber auf Matrazen - ein herrliches Gefühl! Schon sehr früh wurden wir wach. Ich wollte noch Kaffee kochen, aber die anderen hielten mich entrüstet davon ab, sie hatten einfach zuviel Angst. Also machten wir uns ohne Frühstück auf, wieder einigermassen hergestellt, ausser Antolin, der in einem miserablen Zustand war und auch von sich selber sagte, dass er keinen Tag länger mehr ausgehalten hätte: er war immer noch relativ dick, was ihn natürlich auch behinderte, hatte überall offene Wunden, vor allem an den Beinen, und seit dem gestrigen Abend durch das Bootsunglück auch keine Schuhe mehr; also hiess es für ihn, den letzten Teil der langen Reise barfuss zurückzulegen, da sich im Haus nichts geeignetes für ihn fand.

Der Weg war bekannt; zuerst gings steil bergauf, durch Bananenstauden, vorbei an dem verlassenen Haus, wo wir die Nacht von 12. auf den 13. April verbracht hatten und ewig den Fluss beobachtet hatten, dann durch relativ offenes Gelände, durch einen kleinen Fluss und nicht mehr weit und wir würden in der Base 20 sein, bei unseren Compañeros! Allein die Vorfreude machte uns halb verrückt; aber vorher hiess es noch aufgepasst, damit uns nicht die eigenen Leute anschiessen würden. Also gingen wir sehr vorsichtig vor und legten mehrere Lauschpausen ein - nichts! Allmählich wurde es uns unheimlich, denn so nahe, auf 50 Metern, musste man normalerweise was hören, um diese Zeit war Frühstück angesagt. Gross war unsere Enttäuschung, als wir schliesslich auf dem Hügel standen, auf dem früher die Antenne angebracht war: nichts! Alles ausgeflogen! Chacalote fing an, auf

Bosco und Richard Lugo zu schimpfen, dass sie Feiglinge und Schwule seien und Angst vor der Guardia hätten. Nichts mit freundlichem Empfang durch Compañeros, Vollfressen und Ausruhen! Wir fingen an, in den Überresten herumzustochern, vor allem, um noch irgendwas essbares zu finden und ein Paar Schuhe für Antolin - ebenfalls Fehlanzeige! Schliesslich blieb uns nichts anderes übrig, als weiterzumarschieren. Wir entschlossen uns, zum Eingangscamp zu marschieren, vorbei an der Stelle, wo wir alle mehrere Wochen lang gehaust hatten. Kurz vor dem Camp trafen wir auf Bauern, die uns mit der Nachricht schockten, dass alle unsere Führer tot seien (bestätigt!) Was wir vorher schon geahnt hatten, war nun wahr, oder auch nicht wahr, weil wir es nicht glauben konnten. Obwohl ich immer gegen die Vorgehensweise meiner Vorgesetzten war, musste ich weinen, ich konnte nicht anders. Und dazu all die anderen Compañeros, die auch alle (bestätigt) gefallen waren! Ich kam mir mit den drei anderen wie fehl am Platze vor. Aber was halfs, wir überlebten. Also weiter, zum Eingangscamp, wo wir von einem "Kollaborateur" (Mitarbeiter der Frente) sehr gut versorgt wurden. Wir frassen alle vier Dosenfisch und Cracker wie im Akkord, bis wir von einem anderen Kollaborateur zu einem anderen gebracht wurden. Der hatte ein grosses Haus, wo wir unsere Kleidung wechseln konnten und nochmal Essen angeboten bekamen. Danach gingen wir zu einem nahe gelegenen Laden, wo wir mit Mühe unsere übrig gebliebenen Córdobas umtauschten. Die anderen konnten schon fast kein Essen mehr sehen, ich dagegen frass eine Sardinen- und Thunfisch-Dose nach der anderen, es war wie eine Sucht, ein Zwang zum Fressen!

Schliesslich kriegten wir eine Mitfahrgelegenheit nach Ciudad Quesada vermittelt, mit einem Toyota-Jeep eines Bürgermeisters.

Dieser bewahrte uns auch vor der Festnahme durch eine Strassensperre der Guardia Rural, nicht aber vor einem Abrutschen in den Graben durch den Regen (festgefahrene Lehmstrassen verhalten sich bei Regen wie Glatteis; mit viel Mühe konnten wir den schweren Jeep wieder aus dem Graben rausholen). Er brachte uns schliesslich in Ciudad Quesada zu einer nicaraguensischen Familie, wo nicht nur gerade der Geburtstag eines Kindes gefeiert wurde, sondern die ganze Nica-Gemeinschaft des Ortes versammelt war und wo wir bei Ponche (Rum mit Milch und Eiern) unsere "zweite Geburt" feierten, wie Chacalote es ausdrückte - es war der 25.Mai. Die anderen konnten schon nichts mehr vom reichhaltigen Mahl kosten, während ich reichlich zulangte, nach einem "arroz con leche" (Nachspeise aus Milchreis) auf der Fahrt so zwischendurch. Die Nacht verbrachten wir im einzigen verbliehenen Sicherheitshaus in der Stadt, das von einem lustigen Tico verwaltet wurde, der im Gesundheitswesen arbeitete.

Dieser verschaffte uns neben einem schier königlichen Frühstück eine gründliche ärztliche Untersuchung am nächsten Tag im Gesundheitszentrum, wo ich als gesund, aber untergewichtig eingestuft wurde, mit 61 Kilo (immerhin 10 weniger als Normalgewicht, nach 10 Tagen Essen). Ich bekam auch Kontakt mit dem Zahnarzt, der mich in der nächsten Woche noch über die Massen maltraitieren sollte. Meine Hauptbeschäftigung bestand im Essen; ich ass nur einmal am Tag, nämlich dauernd. Nach kurzer Zeit wurden Chacalote und Antolin nach Liberia gerufen, um Bericht zu erstatten bei Marvin, dem einzigen übriggebliebenen Mitglied der Politisch-Militärischen Kommission der Südfront. Mir stank das gewaltig, denn vom rein fachlichen Standpunkt hätte ich bestimmt mehr zu sagen gehabt. Aber die beiden lehnten es ab, nach all den gemeinsamen Erlebnissen, uns mitzunehmen.

Dafür kriegte ich einen überraschenden Kompagnon, der gerade aus dem Lager 21 kam: Bill! Aber anscheinend wollten sie keine zwei "Gringos" im Sicherheitshaus haben, denn sie steckten uns beide in ein Privathaus, wo der Mann Nica war, aber seit ewigen Zeiten in Ciudad Quesada wohnte. Jacinto wurde in ein anderes Privathaus abgeschoben, so sodass wir uns kaum mehr sahen. Die Familie versorgte uns sehr gut, nicht nur wegen der Unterstützung finanzieller Art durch die FSLN. Die Frau las uns jeden Wunsch von den Augen ab, der Mann nahm uns mit auf Möbelauslieferung (er war angestellt bei einem Möbelhaus, das billigste Möbel an die neureichen Bauern der Umgebung verkaufte), zum Hahnenkampf und zum Saufgelage auf dem Lande am Sonntag. Trotzdem waren wir beide unzufrieden, denn wir fühlten uns unnütz. Auf meine Anregung hin erstellten wir schriftlich einen kritischen Bericht über unsere Erlebnisse und gaben ihn auch auf den "Dienstweg". Wir waren sonst zu reinen Zuschauern verurteilt, wie jeder gewöhnliche Costaricaner, und sahen die Ereignisse von El Naranjo und El Ostional im Fernsehen; das waren erste grössere koordinierte Aktionen der Südfront auf der Pazifikseite, nahe am Meer, wo die Kämpfer aber bald wieder vertrieben wurden durch einen grossen Gegenangriff der Guardia bei Nacht und strömendem Regen.

Bill machte sein Versprechen wahr und erfüllte sich seine Gelüste aus dem Urwald nach Zigaretten, Kaugummi, Coca Cola und Pork sweet-sour (süss-saures Schwein auf chinesische Art) - auf irgendeine Art hatte er genügend Dollar über die Zeit im Urwald hinübergerettet, um sich das leisten zu können und selbstverstandlich lud er mich ein; eigentlich meinte ich, dass wir in dieser Woche dicke Freunde geworden wären.

Ich hatte mit meinen abgegebenen Habseligkeiten weniger Glück – niemand wusste von nichts; obwohl ich wirklich jeden fragte, der im Sicherheitshaus auftauchte. Inzwischen war eine Familie entstanden unter den Leuten dort, uns und einigen ständigen Besuchern, neben speziellen Geschichten wie den dauernden Annäherungsversuchen der ehemaligen Frau von Tijuana (auch einem Überlebenden von Nueva Guinea), die erst aufhörten, als ein neuer "offizieller" Verantwortlicher für das Sicherheitshaus von seiten der FSLN kam, der sich nicht wie ich mehrmals bitten liess. Dieser neue hiess mit Pseudonym Hatuey, nach einem kubanischen Indio-Kaziken; er stammte nämlich von dort, wuchs aber in Kalifornien auf und lernte dort viele Sandinisten kennen, nun war er hier. Eine seiner ersten Amtshandlungen war, den Bill nach San José zu schicken, denn der wollte sich unbedingt eine Brille machen lassen - die alte hatte er angeblich im Urwald verloren. Ich verabschiedete ihn zusammen mit Hatuey am Bus, in San José erwartete ihn ein Compa.

Ich wollte unbedingt meine Dokumente und anderen Sachen wiederhaben; da ich sonst nichts zu tun hatte, war dies meine Hauptsorge. Also gab man mir ein wenig Geld und schickte mich nach Norden, um danach zu forschen. Das Transportmittel war eine Toyota-Camioneta, das einzige regelmässige Verbindungsmittel. Am 2.Juni gings los mit der Hoffnung, am nächsten Tag zurück zu sein und den Tag darauf den Geburtstag zu feiern. Die erste Enttäuschung war, dass die Camioneta nicht so weit fuhr, wie ich eigentlich hoffte. Mit vielen Schwierigkeiten kam ich erst am Abend bei dem Kollaborateur an, bei dem wir die Kleidung gewechselt hatten. Der nächste Tag war Sonntag, weshalb der Bruder von ihm einem Ausflug unternahm, der dahin führte, wo ich hinwollte (er fuhr dann noch weiter und wollte mich nachmittags auf der Rückfahrt wieder auflesen). Ich fragte zuerst im Eingangslager nach meinen Sachen - nichts. Man gab mir jemand mit, um in der Base 21 danach zu suchen - auch nichts; von dort gingen wir zum Bauern, der am meisten die Guerrilla unterstützt hatte — wieder nichts! Jetzt wollte ich zurück, um nicht den Suzuki-Jeep zu verpassen, aber der gute Bauer hatte die Ruhe weg. Er versprach mir aber, mir ein Pferd zu geben, damit es schneller ginge. Schliesslich gings los. Mein Gaul war eine alte Stute, die, wie in der Gegend gewohnt, nur auf Sporen reagierte, die ich natürlich nicht hatte, weshalb ich dauernd mit den Hacken gegen ihren Bauch treten musste, damit sich überhaupt irgendetwas tat. Zuerst gings durch einen Bach, wo mich das Biest fast nach vorne abgeworfen hätte, schliesslich bin ich kein Reiter; danach gings eine üble schlammige Steigung hinauf, wo ich fast nach hinten abgerutscht wäre. Irgendwann kamen wir trotzdem am Eingangscamp an, direkt daneben war ein Laden mit Schnapsverkauf, der absolute Mittelpunkt am Sonntagnachmittag! Genau das war das Ziel meines Bauern. Der Jeep war natürlich auch schon vorbei, vor ein paar Minuten, er würde aber in der nächsten Ortschaft halten, um etwas zu erledigen. Mein Bauer war glücklich an der Tankstelle angelangt und machte keinen Schritt weiter. Zumindest war er aber so grosszügig, mir weiter sein Super-Schlaf-Pferd zu leihen, um den Jeep doch noch zu erreichen; ich sollte es dann bei der und der Familie lassen, ebenfalls Unterstützer der FSLN.

Also brauste ich los, bzw. es war ein leises Säuseln, weil mein Gaul nicht die Bohne so schnell wollte wie ich, trotz ständigen Einhauens auf die Flanken mit den Hacken. Ich kam mir vor wie bei der sandinistischen reitenden Gebirgsmarine. An einem Bauernhaus, anscheinend von Bekannten meines guten Bauerns, wollte der Gaul überhaupt nicht vorbeigehen und es kostete mich mehrere Pirouetten, um ihn von meiner Dringlichkeit zu überzeugen. Schliesslich kam ich in dem Kaff an (Las Tiricias ?), der Jeep war natürlich vor ein paar Minuten weggefahren und am nächsten Tag gab es keine Aussicht auf ein Weiterkommen, um wenigstens noch am Abend in der Stadt mit den Compañeros meinen Geburtstag zu feiern. Der einzige Trost war die Familie, wo ich den Gaul abgeben sollte und die mich sehr gastfreundlich aufnahm.

Montag, der 4.Juni begann schlimm, allein in einem Urwaldkaff ohne die gewohnte Umgebung von Familie und Freunden. Die Familie merkte meine Bedrücktheit und ich erzählte ihnen die Lage. Von diesem Zeitpunkt an machten sie alles, um bei mir so etwas wie Geburtstagsstimmung zu erzeugen. Der Hauptunterhalt der Familie war der Brotverkauf; an diesem Montag wurde Brot gebacken, mir boten sie nur das beste und süsseste an, verbunden mit Kaffee, den sie nur wegen mir machten! Aber was ist schon ein Geburtstag ohne ein Besäufnis. Das wenige Geld, das ich noch hatte, musste ja zur Rückfahrt auch noch reichen. Der Rest reichte gerade für eine halbe Flasche vom schlechtesten Rum, den es am Ort gab (keine Rede von Ron Rico) und den ich dann mit den Herrn des Hausen und dem Schwiegersohn trank; sie zauberten dann noch einmal die Hälfte davon irgendwoher herbei - das war mein erster Geburtstag mutterseelenallein – und auch nicht - im Urwald.

Am nächsten Morgen konnte ich endlich zurück nach Ciudad Quesada; die grösste Freude für mich war, dass ich am Tag darauf nach Liberia geschickt werden solte, über San José. Genau am 4. Juni begann nämlich der Endaufstand, was ich alles nur im Radio mitkriegte. Also stand ich am 6. Juni wie Bill am Busbahnhof und verabschiedete mich von Hatuey. In San José angekommen, empfing mich der Compa und fragte mich während der Fahrt lange nach Bill und einem anderen Deutschen aus, genannt "Fiss" (er nannte sich Fizz); nach Bill fragte er deswegen, weil der nie in dem angekündigten Bus ankam - anscheinend hatte er Schiss bekommen nach Nueva Guinea und wollte von seiner Tauchschule in Corn Island nichts mehr wissen! "Fiss" sollte ich später noch kennenlernen. Der Compa brachte mich zu einem Haus etwas ausserhalb von San José, wo ich bleiben sollte, ohne irgendwelche konkreten Informationen. Das einzige, was er mir gab, waren 120 Colones.

Ich war der Meinung, dass es schon bald an die Front gehen würde, weshalb ich möglichst vorher eine Nachricht an meine Familie geben wollte. Ich kannte San José schon, weshalb es ein leichtes für mich war, bis zum Hauptpostamt zu gehen. Gross war meine Enttäuschung, als man mir sagte, das Kurztelegramm koste mehr als mein Barvermögen! Also blieb mir nichts anderes übrig, als eine Postkarte mit stereotypen Aussagen zu schreiben. Im Haus gesellte sich ein Tag zum anderen, immer noch in der Rolle des Zuschauers; allerdings freundete ich mich mit den Hausbewohnern an: der Mieterin, „Arlen", die im Büro für Aussenbeziehungen der Frente arbeitete und nur zwischen 22 und 7 Uhr da war, sonst arbeitete sie; die Juanita, eigentlich "nur" die Hausangestellte, aber die eigentliche Seele des Hauses, auf der die ganze Last der Arbeit für die vielen Compas lastete, die durch das Haus gingen – und es waren teilweise sehr viele – einige mussten sogar in der Badewanne und auf dem Boden schlafen; viele Bekannte des Hauses, die tagtäglich kamen; vor allem aber noch Leonardo, ein anderer Überlebender von Nueva Guinea, ein sehr junges Bürschchen, der schwer magenkrank war, sehr wahrscheinlich mehr aus seelischen Ursachen als aus körperlichen (er behauptete, die Mini-Kokosnüsse coyolitos, Samen der Coyol-Stechpalme, schon oben beschrieben, hätten seine Magenkrankheit hervorgerufen) - ihn lernte ich eigentlich erst da kennen, vorher war er mir unter den mehr als Hundert nicht aufgefallen - er schlug sich ganz allein durch wie übrigens auch ein anderer Bekannter, der noch dazu links und rechts vom Hals verwundet war, den ich zufällig während meiner Reise in den Norden in Las Tiricias ankommen sah am 3.Juni. Ich freundete mich wirklich mit den Leuten im Haus an, obwohl ich eigentlich zur Front wollte. Die Arlen schickte sogar auf Kosten der Frente ein Telegramm an meine Familie !

Ein anderer Überlebender von Nueva Guinea und Bekannter (Emmett Lang) kam auch öfter ins Haus und versprach mir immer wieder, mich zur Front zu bringen. Eines Abends schien es endlich so weit. Unter sehr geheimnisvollen Umständen holte er Leonardo und mich vom Haus ab, drehte ein paar sinnlose Runden durch San José (als ob ich die Stadt nicht gekannt hätte!) und brachte uns schliesslich in ein einsames Haus östlich der Stadt (kurz vor Tres Rios), wo wir Wache schieben sollten, wir zwei allein, 24 Stunden am Tag. Man übergab uns FAL-Gewehre und wies uns Schlafstätten direkt neben einem Raum zu, der einem Wespennest glich (später stellte sich heraus, dass es die Hütte war, von der aus Radio Sandino sendete) und überliess uns unserem Schicksal und unseren Gedanken. Wir beide sollten das grosse Haus mit all den Nebengebäuden gegen alle Angriffe schützen. Allmählich kriegten wir mit, dass der Verantwortliche des Hauses "Tito" genannt wurde (der spätere Justizminister und Botschafter in Moskau Ernesto Castillo) und dass in dem Haus nicht nur Ernesto Cardenal ein und aus ging, sondern auch andere Leute, die später einen sehr bekannten Namen haben sollten: Sergio Ramirez (Junta); Dionisio Marenco (Binnenhandels-Minister), Paul Atha (Oberbürgermeister von Managua) und andere. Miguel d'Escoto brach von diesem Haus zu der historischen OEA / OAS-

Sitzung auf, in der die Interventionspläne der USA abgeschmettert wurden; von dort aus wurde die Junta geschmiedet, die Mitte Juni verkündet wurde, als ich gerade das Haus verliess, nach einem Gespräch mit „Nicho" Marenco und tagelangem Kampf mit Emmet Lang, dem anderen Bekannten, der uns dahin gebracht hatte. Wie sich herausstellte, war dieses Haus in Tres Rios das Nervenzentrum der Kommunikation der FSLN, einschliesslich der damals supermodernen Kurzwellenempfänger, über die wir dauernd die Gespräche zwischen der Führung und Nicaragua abhörten. Leonardo blieb da, glücklich, weil er in der Nähe der Tochter von Tito war, ich war glücklich, endlich wegzukommen, in den Norden; dazwischen-geschaltet war aber noch einmal eine kurze Nacht im Haus von Arlen mit den bekannten lächerlichen und über- / unter- triebenen Zeitangaben.

Südfront

Endlich gings ab und auch nicht, denn zuallererst holten wir alles mögliche aus einem Sicherheitshaus ab, bevor es in den Norden ging. Am Abend waren wir endlich in Liberia, wieder in einem Sicherheitshaus, wo uns ein oberlehrerhafter Typ empfing, dem Disziplin über alles ging. Am nächsten Tag verteilten wir die Sachen, die wir mitgebracht hatten, in verschiedenen Sicherheitshäusern, vor allem Medizin, denn fast alle Häuser glichen Krankenstationen. Da ich nicht wusste, was passierte, niemand sagte einem ja zu irgendeinem Zeitpunkt etwas konkretes, angeblich aus Sicherheitsgründen, nahm ich meine wenigen Sachen in einer kleinen Plastiktüte mit auf die Fahrt. Bei einer Abladeaktion vergass ich meine Tüte, merkte es aber erst wieder im Haus. Aus dem Haus durften wir aber nicht raus und der oberlehrerhafte Typ sagte immer wieder, dass es aus vielen Gründen unmöglich sei, die Sachen zu holen. Erst als ich ihm sagte, in der Tüte sei auch ein Bericht über Nueva Guinea, wurde er hellhörig (das stimmte zwar nicht, denn die Papiere hatte ich in der Hemdentasche, aber es war die einzige Möglichkeit, das Arschloch zu überzeugen). In Null Komma Nichts wurde ich mit dem Auto zu meinen vergessenen Sachen gefahren. Danach wollte der "Oberlehrer" den Bericht haben, nicht bloss als Kontrolle, sondern offensichtlich, um ihn aus dem Verkehr zu ziehen. Ich übergab ihn mit der Auflage, dass er ihn weiterleiten würde, was der Depp sicherlich nicht getan hat. Aber ich hatte in Tres Rios den Bericht nochmals getippt und hatte ausserdem noch den handschriftlichen Entwurf.

Sonst war Kindergarten angesagt: man durfte nicht rausgehen, kriegte gerade dreimal am Tag schlechtes Essen (da war ich in San José und Tres Rios verwöhnt worden) und war wieder zur

Untätigkeit verurteilt. Es kamen immer mehr Leute, unter anderem ein arabisch aussehender Argentinier, der beim ERP war, der einzige vernünftige Mensch im Haus. Alle mussten wieder einmal ein Formular ausfüllen und wurden, soweit sie es nötig hatten, notdürftig in das Handhaben von Waffen eingewiesen. Das machte ein anderer, Oscar, das grösste Arschloch im Haus, ein Feldwebeltyp, trotz oder vielleicht gerade wegen seiner Behinderungen; er hatte nämlich eine Hasenscharte, einen Wolfsrachen und hinkte; er brachte es sogar fertig, im kleinen Hinterhof Formalausbildung mit uns zu machen! Die Höhe des Kindergartens war, dass wir am Tag vor unserer Abfahrt uns um 7 Uhr abends hinlegen mussten und nicht miteinander mehr reden durften! Etwa um 8 kam Bosco zufällig herein und ich versuchte ihn zu überreden, mich mitzunehmen und mich von diesen Verrückten zu befreien, aber der wollte nicht - ich hätte einfach mitgehen sollen!

So brachen wir mitten in der Nacht auf, wurden zu einem Lastwagen mit Plane gebracht, wo wieder eine ewige Zeit verging, bis wir endlich losfuhren, in der Zwischenzeit mit überfüllter Ladeflache. Dazwischen wurden wir kurz von einem Posten der Guardia Civil angehalten, aber es war offensichtlich nur eine Formalie. Fast schon im Morgengrauen bogen wir von der Hauptstrasse ab und landeten schliesslich auf einer Hacienda, wo ich in der Dunkelheit den dicken Antolin erkannte. Zur Begrüssung sagte er mir: "Du hast El Naranjo und El Ostional verpasst!" Worauf ich ihm antwortete, dass es ihre Schuld gewesen sei, weil sie uns nicht mitgenommen hätten. Er lud mich ein, mit ihm im Ausbildungslager zu arbeiten, ich wollte aber lieber an die Front. Im nachhinein gesehen war es ein Fehler, denn durch eine bessere Ausbildung der Neuankömmlinge hätte ich bestimmt viele vor dem Tod bewahrt. Antolin dagegen machte halt drei Tage lang viel Formalausbildung, ein wenig Waffenausbildung und bestimmt überhaupt keine

Gefechtsausbildung - so wurden die Burschen dann als Kanonen-futter in den Kampf geschickt. Ich aber wollte das tun, wofür ich hergekommen war, nämlich kämpfen und die Scharte von Nueva Guinea auswetzen. So fuhr ich mit den Leuten weiter, die an die Front geschickt wurden. Es war schon hell, als wir schliesslich die Grenze passierten und in einem zerschossenen Haus abgeladen wurden. In der Nähe waren die ehemaligen zollfreien Läden, auch zerschossen und geplündert, vor allem die Dosen mit in Nicaragua hergestelltem Löwenbräu-Bier lagen überall herum, während die ganz feinen Sachen wie Weine offensichtlich sowohl von der Guardia als auch von den sandinistischen Horden verschmäht wurden. Ein verrückter Neuangekommener sammelte alle Spiel-zeugpanzer auf, um sie später Kindern zu schenken. Ich hielt mich eher an die herumliegenden Dosen mit Esswaren, ich wollte nicht wieder hungern. Zuerst glaubte ich, die Dosen seien aus den Läden, aber später merkte ich, dass dies die Verpflegung unserer Leute war.

Wir standen und liefen herum wie bestellt und nicht abgeholt, im-mer noch in zivil und ohne Waffen. Ich wollte dies reklamieren und näherte mich einem uniformierten älteren Dicken, der auf der an-deren Seite des Grenzbalkens stand; das einzige, was der Depp wusste, war, zu sagen, dass keiner mehr zurück dürfe und dass wir warten sollten. Nach einiger Zeit wurden wir von unserem grossen Führer Oscar wild in der Gegend herumgeführt, bis wir schliesslich in einer Schule untergebracht wurden und ein wenig Essen und einige militärische Kleidungsstücke erhielten. Plötzlich setzte es Mörsergranaten, schon von der ersten wurde ein Neu-angekommener am Fuss verwundet, alles war in heller Aufregung und rannte unter Führung von Oscar nach hinten davon; ich blieb zuerst noch, da ich mich in einem nahegelegenen Loch ziemlich sicher fühlte, aber um nicht den Kontakt zur Gruppe zu verlieren, rannte ich schliesslich den anderen nach, am Grenzbalken vorbei, den eigentlich niemand passieren durfte. Das Steilufer des Rio Sapoá war angeblich sicher, noch dazu von Bäumen bewachsen, weshalb wir uns dort niederliessen. Mir fiel ein, dass ich meine kleine Plastiktüte, jetzt noch dazu angefüllt mit Essen, in der Schule liegen gelassen hatte, da ich von meinem Loch aus den anderen gefolgt war. Also beschloss ich, das zu holen. Die anderen riefen mir nach, das und das auch noch mitzubringen, gehen wollte aber keiner. Anfangs ging ich noch, aber schon wieder setzte es Mörser, ganz nahe; ich befand mich gerade auf dem Abfertigungsplatz für Lastwagen neben einem Lichtmasten und warf mich gerade noch rechtzeitig zu Boden: keine 20 Meter weiter, als ich wieder aufschaute, stand noch der Rauch über einer flachen Mulde im Rasen, der Lichtmasten wurde auf Bauch- und Brusthöhe von Splittern beschädigt! Das war knapp!

Von da ab hatte ich es eilig, zur Schule zu kommen, meine Siebensachen zu packen, noch einige Sachen von den anderen und zurückzukehren, immer unterbrochen durch Schutzsuchen vor neuen Mörsereinschlägen. Dann wurden endlich die Waffen verteilt, gut erhaltene FAL- Gewehre, die noch in Kisten verpackt waren, kurze Zeit später auch die Munition, jeder erhielt 300 Schuss. Dann gings wieder mit den Mörsern los, genau da, wo wir waren. Wir suchten wieder am Steilufer Schutz; aber dann verlegten sie das Feuer dahin. Ab dem Zeitpunkt war mir klar, dass das Feuer von einem vorgeschobenen Beobachter sehr gut geleitet wurde. Ich suchte die ganze Gegend nach dem Punkt ab, wo er sein könnte und meinte schliesslich, dass er auf der anderen Seite des Flusses sein musste (später stellte sich heraus, dass der Bursche mit einem Funkgerät in einem Haus direkt im Ort sass). Neben uns lagen eine Gruppe Panameños, deren Anführer, "Diablo", eine Flasche Wein aus dem Duty-Free-Shop dabei hatte, die wir im Mörserfeuer leerten. Einer der wenigen Bekannten, Rafael (aus dem Haus in San José), wurde verwundet, wobei er noch das Glück hatte, nicht direkt vom Splitter am Kopf getroffen zu werden, sondern der Splitter drang ins Gewehrschloss und dieses wiederum schlug ihm eine klaffende Platzwunde am Kopf. Ich hatte ihn im Haus von Arlen kennengelernt, wo er sich von den schweren Verwundungen erholte, die er ein halbes Jahr vorher erhalten hatte beim Kampf, in dem der Pater Gaspar Garcia Laviana getötet wurde. Kaum erneut an der Front, wurde er schon wieder verwundet!

Um die Mittagszeit herum hatte die Guardia anscheinend keine Lust mehr, was von uns ausgenutzt wurde, um aufzubrechen. Dabei sah ich auch kurz Marvin, den obersten Chef der Südfront; gerne hätte ich mit ihm gesprochen, aber er war dauernd am funken.

REGION RIO OSTAYO – SAPOÁ = PEÑAS BLANCAS

Jemand sagte mir, dass noch eine andere Deutsche da sei, Ulla, und stellte sie mir vor; sie stand gerade am Grenzbalken herum. Leider konnte ich nicht lange mit ihr reden, denn die anderen brachen schon auf. Sie hätten mich glatt vergessen, wenn ich nicht wild gestikulierend hinter dem Jeep hergelaufen wäre. Vielleicht hätte ich einfach dableiben sollen! So hätte ich mit dem Marvin reden können.

Wegen der Luftwaffe fuhr der Jeep in einem atemberaubenden Tempo, mit 15 Mann drauf, bis Sapoá, wo wir vor dem Gefechtsstand abgeladen wurden. Mit anderen zusammen mussten wir antreten. Wir erhielten eine Ansprache, wo wir mitgeteilt bekamen, dass wir eingesetzt würden, um einen Hügel zurückzuerobern, den die Guardia gerade besetzt hatte. Am Schluss kam die Frage, ob irgendjemand zurücktreten wolle, er würde dann woanders eingesetzt. Ausgerechnet der grösste und stärkste meldete sich kleinlaut, dass er eigentlich krank und sehr schlecht zu Fuss sei. Dann wurden wir gemustert, auf diese Weise bekam ich endlich Stiefel, eine vollständige Militärkleidung und andere nützlichen Sachen wie Rucksack, Feldflasche, Kleinkram usw., ausserdem die Essensration für einen Tag. Schon reichlich spät am Nachmittag gings dann zu Fuss los, entlang der Panamericana, hin zum Kampflärm. Aber auch direkt in Sapoá gabs kräftig Krach, denn auf einem nahegelegenen Hügel waren ein paar rückstossfreie Geschütze postiert, die pausenlos feuerten; allerdings machten mir die Geschützbedienungen nicht gerade den Eindruck von Experten. Wir kamen an den Überresten eines Hinterhalts vorbei, der auf die Verstärkungen der Guardia gemacht wurde (ein Unimog, ein US-Sanitätsfahrzeug und ein Lastwagen des Strassenbauamtes); später kam ich noch öfters vorbei und konnte vor allem die Wucht der beiden Panzerfausteinschläge begutachten: das geschlossene "Sanitätsfahrzeug" brannte vollkommen aus, mit den Soldaten drin, auch die israelischen Kunststoffhelme verbrannten bis auf die Glasfaser; beim Lastwagen hatte die Explosion das Führerhaus aufgerissen und die vollbesetzte Ladefläche leergefegt; jemand, der beim Hinterhalt dabei war, erzählte, dass die Guardias nur so durch die Luft flogen, die wenigsten waren zwar tot, man hätte sie aber fast alle mit dem Knüppel erschlagen können; die wenigsten brachten es überhaupt fertig, davonzulaufen, sie wurden von den Gewehrkugeln niedergestreckt. Einer von denen blieb noch ewig lange auf der Strasse liegen, offensichtlich hatten ihn die Compas übersehen, die ein paar Tage später aufräumten.

Gerade, als wir nach dem Hinterhalt über eine Brücke kamen, griff uns ein Tieffliger an; allerdings war unklar, ob der Angriff uns galt oder der Brücke, denn die beiden Raketen schlugen in die Brücke ein und rissen grosse Löcher in die Fahrbahn. Uns passierte nichts, aber der Schrecken war gross!

Wir bogen dann von der Panamericana ab und zogen durch hügeliges Weideland, vorbei an Stellungen von anderen Compas. Als es dunkel wurde, verlor unser Führer die Orientierung, mit Mühe fand er die Furt, wo wir in der Dunkelheit den Fluss durchqueren mussten, dann aber wusste er nicht mehr weiter, es fing noch an zu regnen und schliesslich mussten wir die ganze Nacht da verbringen, wo wir gerade waren, nämlich an einem Abhang, wo ich kurz darauf noch wochenlang sein sollte. Während der ganzen Zeit kam ich mir vor wie ein Lamm, das zur Schlachtbank geführt wurde, denn wir wurden ja geschickt, um einen Sturm auf eine Guardia-Stellung zu machen. Erst am nächsten Morgen konnte sich unser Führer wieder orientieren und brachte uns zum Führer der Coluna, "Baltasar". Dort sah ich zum ersten Mal in diesem Krieg flache Schützenmulden und wunderte mich sehr, denn das deutete darauf hin, dass man daran dachte, länger zu bleiben! Obwohl man lange auf uns gewartet hatte, wusste man nichts so recht mit uns anzufangen, von Sturm war keine Rede, was mich sehr beruhigte.

Schliesslich teilte man uns ein, um den Rücken zu sichern. Mit noch einem jungen Compa nahm ich die am weitesten entfernte Stellung ein in einem trockenen Bachbett, wo eine Annäherungsmöglichkeit der Guardia bestand. Wir hatten gerade unsere Stellung eingenommen, als ein Push&Pull-Flugzeug mehrere Raketen abschoss, zwei davon ganz in unsere Nähe; gesehen konnte uns der Pilot nicht haben, wahrscheinlich schoss er schlecht oder einfach ins Blaue. Auf jeden Fall war mein Kamerad mächtig beeindruckt und redete nicht mehr. Ich fing derweilen an, meine Essensvorräte anzugehen, die durch Zusammensammeln von allem, was andere liegengelassen hatten, schon sehr reichlich waren. Die Erfahrung hatte mich gelehrt, möglichst den Bauch voll zu haben, wer weiss, was mit dem Kram alles passieren konnte. Also fing ich mit dem schwersten und grössten an. Als ich mit der Mahlzeit fertig war, wollte ich den Rest meinem Kameraden geben. Ich rief - nichts. Nochmals - nichts.

Also ging ich hin und sah, dass er schlief, unglaublich! Ich konnte das überhaupt nicht verstehen. Anstatt nun zu wachen, schlief er nach einer Weile wieder ein und so weiter, den ganzen Tag. Später hatte ich in der Gruppe nochmals so einen Fall. Viel später, nach dem Krieg, in einem Artikel erfuhr ich, dass so ein Vogel-Strauss-Verhalten häufig ist - es ist ein psychologischer Mechanismus, wenn Leute den Druck nicht mehr aushalten; dies wurde zum ersten Mal wissenschaftlich untersucht aufgrund des Kampfes der Engländer und Amis gegen die Japaner in Burma, wo dies häufiger der Fall war: in der grössten Gefahr schliefen die Soldaten einfach ein. Da das dann im Korea-Krieg auch wieder der Fall war und untersucht und publiziert wurde, wird das Verhalten Korea-Syndrom genannt.

So brachten wir den Tag rum. Am späten Nachmittag wurden wir zusammengerufen am Gefechtsstand, wo ich mit einem Fernglas die Stellungen der Guardia gut beobachten konnte, bis ein Scharfschütze anfing, uns Leuchtspurmunition um die Ohren sausen zu lassen. Schon in der Dunkelheit wurden wir dann losgeschickt, den Hügel zu besetzen, auf den wir ursprünglich angesetzt waren, allerdings war da keine Guardia. Entweder man wollte uns in Sapoá einfach Angst machen oder die wussten es nicht besser.

Es handelte sich vielmehr darum, einen Hügel zu besetzen, wo vorher Goyo war (der, der am Tag meines Eintritts in die Frente Wachhabender war), aber wegen eines Mörserangriffes hatten sie überstürzt die Stellung verlassen. Der Hügel war von dichtem Busch überzogen, mit Mühe konnten wir Plätzchen für den Schlaf finden, denn es war schon dunkel. Erst am nächsten Tag wurden die Stellungen verteilt. Ich erhielt eine am Abhang, hin zum Fluss, um die Verbindung zu sichern; dann gings an den Stellungsbau, denn es war Stellungskrieg angesagt! Tagelang grub ich kein Loch, denn ich nutzte eine natürliche Grube, die mich gegen verirrte Kugeln gut schützte; direkt den Feind sehen konnte ich sowieso nicht. Erst als sich die Guardia auch mit Mörsern auf unseren Hügel einschoss und die Kugel eines schweren MGs (0.50) ein armdickes Bäumchen umlegte, grub ich ein flaches Schützenloch, das mich auch gegen Mörsereinschläge schützte, die oben am Hang niedergingen. Sonst ist so ein Stellungskrieg stinklangweilig. Am Anfang war es so ein Geballere den ganzen Tag und die ganze Nacht, dass man irgendwann überhaupt nicht mehr drauf achtete, ausser es kam zu nahe. Ich habe überschlagsweise ausgerechnet, dass in den ersten Tagen allein von unseren Leuten 50.000 Schuss pro Tag verballert wurden - sinnlos! Gar nicht zu rechnen die Guardia, gar nicht zu rechnen die Luftwaffe, mindestens 100 Granaten und Raketen täglich. Gleich von Anfang an widerstrebte mir diese Form des Krieges, nicht bloss aus irgendwelchen persönlichen Gründen, sondern auch aus allgemein strategischen Gründen, denn auf diese Weise machte man den Krieg, der der Guardia genehm war. Wie ich erfuhr, stürmten am Tag (oder auch zwei) vor unserer Ankunft die Sandinisten nach der Eroberung von Sapoá ungestüm vorwärts, über die freie Plaine;

als sie den Rio Ostayo erreichten, wurden sie von der gut einge-
grabenen Guardia (auf zwei Hügeln auf der anderen Seite) nicht
bloss aufgehalten, sondern unter grossen Verlusten (man sprach
von 75) wieder zurückgetrieben. Deshalb vielleicht die übertrie-
bene Vorsicht und das Sichbeschränken auf einen Streifen von 2
auf 10 Kilometern entlang der Panamericana. Aber trotzdem war
ich der Meinung, dass es falsch war, vor allem auch deshalb, weil
unsere Leute nicht auf diesen Krieg vorbereitet waren und aus
den verschiedensten Gründen starben wie die Fliegen. Der
Hauptgrund war die Unvorsichtigkeit, die Enthusiasmus und Un-
erfahrenheit mit sich bringen, der andere Grund war die Unfähigkeit. Die Guardia schoss gut mit den Kleinwaffen sowie Mörsern
und Kanonen, die unseren miserabel, so miserabel, dass die rückstossfreien Kanonen nach 3 Tagen Dauerfeuer ohne irgendeinen
Treffer gar nicht mehr eingesetzt wurden. Wahrscheinlich war
auch die Munition zu Ende.

Ausserdem war bei uns kein System drin; ausser einer starren Linie, die es zu verteidigen galt, und einer zugegebenermassen guten Versorgung war überhaupt nichts klar. Das lag nicht nur an
den unmittelbaren Vorgesetzten; denn allzu bald wurde es mir zu
bunt und ich bewegte mich, fragte und löcherte alle möglichen
Vorgesetzten, zuerst Baltasar, als der dann verwundet ausschied,
den Nachfolger "Lenin", dann, als ich schon Zugang zu Sapoá
hatte als Essensholer, auch dort alle möglichen Leute. Es war
zum Verzweifeln, die Leute hatten keine Ahnung; man stelle sich
vor, weit und breit hatte ich die einzige Karte vom Gebiet! Auch
den Verantwortlichen von den unglückseligen Kanonenschützen,
einen Chilenen, lernte ich kennen; dem aber fiel nichts anderes
ein als zu sagen, er hätte ja keine Funkgeräte und ausserdem der
vorgeschobene Beobachter eine schlechte Stellung, er bräuchte

eine mit mehr Übersicht. Ich schlug ihm sogar eine bei uns vor, aber die kam er sich erst Wochen später anschauen.

Mittlerweile hatte ich Fizz kennengelernt, wohl der erste Deutsche bei den Sandinisten, der ausschaute wie ein leibhaftiger Wikinger. Er war noch vor mir Essensholer; wenn er immer an meiner Stellung vorbeikam, dann hielt er einen Plausch mit mir und liess mir eine Spezialität da, meistens eine Büchse Fruchtsalat. Dann folgte auch ich seinem Beispiel und wurde Essensholer, allerdings ohne Maultier wie Fizz, denn erstens hatte ich keins, zweitens holte ich für viel weniger Leute Essen und drittens kriegte ich so viel weniger "Streicheleinheiten" von der Guardia ab, da ich ein unauffälligeres Ziel war. Bald zeigte der Schrecken des Stellungskrieges seine Wirkung und es kam der Befehl, dass keiner mehr ohne weiteres weg durfte, weil viele anscheinend türmten. Da alle, die raus wollten, an mir vorbeimussten, kriegte ich den Befehl besonders eingeschärft, als ich wieder einmal vom Essenholen kam. Schon bald bot sich die Gelegenheit zur Ausführung, denn ein ganzer Schwung von Leuten wollte raus. Ich sagte natürlich nein und schickte sie zu meinem Chef. Der kam ganz zerknirscht an und meinte, die könne ich sehr wohl rauslassen, das wäre schliesslich der oberste Chef der Front ("Emilio" - Javier Pichardo, in den achziger Jahren Chef der sandinistischen Luftwaffe) und der käme von einer Inspektion. Später sah ich ihn noch öfter in Sapoá, wollte auch mit ihm reden, aber zwecklos. Nur mit dem Verantwortlichen für den Nachschub (Fernando), ein recht umgänglicher Typ, kam ich öfter ins Gespräch, aber der wollte oder konnte auch nichts ausrichten - zumindest seine Aufgabe erfüllte er gut, denn der Nachschub und die Versorgung waren das einzige, was gut funktionierte.

Am meisten Kontakt innerhalb der Gruppe hatte ich mit dem Argentinier, der mir viel von der (Ex-)Guerrilla in seinem Land erzählte, vor allem von den ganzen spektakulären Propagandaaktionen. Doch bald schied er aus wegen Hepatitis. Allmählich kam ich auch ein wenig ins Gespräch mit Oscar, so weit sogar, dass er mir anvertraute, dass er nach dem Krieg Medizin studieren wolle und danach seinem Volk als Arzt dienen wolle; mir kam dabei spontan eher ein Viehdoktor in den Sinn. Der Glauben an sein Medizinstudium schwand bei mir vollends, als er mir einmal auftrug, ein paar Dinge aus Sapoá mitzubringen, mir aber nicht zutraute, dass ich das behalten würde - wahrscheinlich dachte er, alle sind so blöd wie er. Er schrieb mir das Zeug also auf. Als ich nachher den Zettel las, musste ich spontan auflachen, denn er strotzte nur so vor Fehlern!

Auch sonst veranstaltete unser Chef viel Unsinn; wir sollten 24 Stunden am Tag wach sein, vor allem die ganze Nacht durch; als ich ihm bessere und realistischere Systeme vorschlug, beharrte er Typ Feldwebel auf seinem Befehl; gewacht hat bestimmt keiner, ich auch nicht, nicht nur wegen der Unmöglichkeit, sondern auch wegen der Überlegung, dass die Nationalgardisten ja keine alten Indianer waren, die sich lautlos in der Dunkelheit heranschlichen, sondern Nicas, die es gern etwas lauter mochten; und wenn, dann hätte man das gehört bei dem Unterholz rundherum; im Morgengrauen allerdings war Vorsicht angesagt. Aber es blieb bei der morgendlichen Begrüssung durch Mörserfeuer.

Mittlerweile hatten unsere Führer auch Handfunkgeräte erhalten und machten damit allerhand Unsinn, wie folgender Dialog beweist:

- Oscar, hast Du der Guardia schon guten Tag gesagt?
- Nein, hab ich ganz vergessen, aber das hol ich gleich nach. Hör zu!

Danach hat der dumme Oscar ein halbes Magazin in Richtung Guardia verballert.

- Hast Du es gehört?

- Ja, hab ich gehört! Alles OK.

Von wegen Funkdisziplin und so. Jeder deutsche Unteroffizier wäre vor die Hunde gegangen bei diesem Kasperlestheater. Meine einzigen sinnvollen Tätigkeiten ausser Botengängen waren

Patrouillen in unserem Rücken und Ratschläge für die Nachbargruppe. Die Patrouillen musste ich alleine machen, denn niemand
traute sich aus der Linie heraus, schon gar nicht unser grossartiger Chef, der dazu keinen Befehl hatte.

Täglich wurden, wohl hauptsächlich von ihm, irgendwelche dum-
men Gerüchte verbreitet von wegen feindliche Fallschirmjäger,
Stosstrupps usw., aber gemacht wurde nichts - wahrscheinlich
sagte er das auch nur, um unsere Aufmerksamkeit zu steigern;
trotzdem bestand objektiv die Gefahr; wenn der Feind gut gewesen wäre, hätte er auch schon längst im Rücken angegriffen (wie
er das in La Calera tat). Die Beratertätigkeit fiel mir deswegen zu,
weil nämlich der gute Rafael (der beim Einmarsch in Peñas Blancas schon verwundet worden war) zurückkehrte an der Spitze einer Gruppe. Da er mich kannte und um meine Fähigkeiten wusste,
ausserdem ganz in der Nähe eingesetzt wurde, kamen wir sehr
leicht in Kontakt und er fragte mich oft nach meinem Rat. Zum
zweiten Mal erst konnte ich zumindest ein bisschen was von meinen Kenntnissen anwenden. Er war direkt an der Furt eingesetzt
und die Guardia hatte sich auf seine Stellungen ziemlich eingeschossen, was ihn und seine Leute naturgemäss sehr beunru-
higte, zumal sie kaum tief graben konnten wegen des hohen
Grundwasserspiegels. Ich riet ihm zu Verbesserungen der Tarnung, der Disziplin, Veränderungen der Waffen und ihres Einsatz
usw.; schliesslich zeigte ich auch, wie man selbst in morastigem
Boden Unterstände baut, nämlich nach oben, mit Baumstämmen,
auch nicht direkt unter ausladenden Bäumen, damit die Granate
nicht in der Baumkrone explodiert und somit auf den Unterstand;
dass andererseits offene Schützengräben nicht unter oder neben
Bäumen stehen durften, aus dem gleichen Grund. Hier blühte ich
etwas auf, denn hier konnte ich etwas tun, sonst hing ich ja nur

rum und sah, wie man die Toten und Verwundeten raustrug, auch aus unserer Gruppe. Dafür kamen andere nach.

Einer von den neuen erzahlte, wie er wenige Kilometer weg in einen fürchterlichen Hinterhalt der Guardia geriet, wo die meisten der Compañeros starben. Mit drei anderen wurde er verschlagen und verirrte sich gründlich. Sie übernachteten völlig erschöpft auf einem Hügel. Am nächsten Morgen, als sie aufbrachen, standen sie mitten in einem Guardialager - sie hatten ganze 10 Meter davon entfernt geschlafen! Ihr unentdecktes Entkommen war nur dadurch möglich, weil die Guardias alle angekifft waren und tranig herumlagen. Sie fühlten sich da auch völlig sicher. Unsere Leute hatten das Lager entdeckt, wo die Guardia sich mit Marihuana von den Anstrengungen der Front erholte! Für die war das der schönste Krieg - fast so wie beim Bund: einen Tag Wache, einen Tag wachfrei, noch dazu mit Kiff. Unsere vier Helden kamen unbehelligt davon und fanden auch zu den eigenen Leuten zurück, wo sie ihre Abenteuer erzählten. Ergebnis: nichts! Erst ich brachte das ganze etwas in Gang, von wegen, das wäre DIE Gelegenheit usw. Aber zuerst tat sich auch nichts.

Mittlerweile hatte ich auch mit der linken Nachbargruppe Kontakt aufgenommen, der lautstärksten Gang in der ganzen Front; auch der aktivsten. Meine Aufmerksamkeit hatte vor allem ein Scharfschützengewehr erregt, das da auf einmal auftauchte, mehr als zwei Wochen, nachdem ich so etwas verlangt hatte. Eigentlich war es ein normales Jagdgewehr Remington 700 mit Zielfernrohr. Der Gruppenführer, Tico (er war auch Tico, allerdings einer von der ganz dunklen Sorte, mit schwarzem Bart und Knollennase), war sehr initiativ und intelligent, also das genaue Gegenteil von Oscar, und merkte auch bald das Interesse von mir an der Waffe.

Er fragte mich deshalb auch, ob ich etwas davon verstünde, was ja wohl der Fall war. Sie hatten nämlich seit einigen Tagen dieses wunderschöne Jagdgewehr mit Zielfernrohr, aber wussten nichts rechtes damit anzufangen und schossen vor allem dauernd daneben. Ich hatte gerade eine Krise überwunden, die auf meinen Verdauungsapparat zurückzuführen war: nach wochenlangem (kaltem) Essen aus Dosen war ich zwar dick geworden, aber mir schmeckte das Essen überhaupt nicht mehr und mir war schon ziemlich übel. An einem Sonntag bekamen wir dann als Spezialität keinen Dosenfrass, sondern richtiges gekochtes Essen in Plastiktüten, wenn auch schon kalt wegen des langen Transports, den ich diesmal nicht durchführte wegen des Unwohlseins. Dieser kalte Frass hat mir dann den Rest gegeben, tagelang habe ich überhaupt nichts mehr essen können und nur noch Wasser getrunken.

Anscheinend war ich nicht ein Einzelfall, denn nach ein paar Tagen tauchten plötzlich kleine Camping-Sprit-Kocher und Kaffee auf: heisser Kaffee! Ich mag Kaffee eigentlich weniger, aber dort hat er mich wieder innerhalb von Stunden auf Vordermann gebracht. In diese neue Hochphase hinein hat mich der Tico geholt, um mit ihm gewissermassen auf Pirsch zu gehen. Ein Vorfall hatte ihn nämlich von der Effektivität von Scharfschützen überzeugt - einer seiner besten Leute wurde nämlich von einem Scharfschützen in den Kopf getroffen; er war wie durch ein Wunder nicht sofort tot; die vier, die den Verwundeten raustrugen, kamen notgedrungen auch an meiner Stellung vorbei, wo sie eine erste Rast einlegten und eine Zigarette rauchten, bevor sie ihn den steilen Abhang hinunter weiterschleppten; und da sah ich, zu meinem nicht geringen Erstaunen, dass der Schwerverwundete, der eigentlich gar nicht mehr am Leben sein durfte, mit einer Handbewegung auch eine Zigarette verlangte! Später erfuhr ich, dass der

Junge noch den ganzen Transport bis nach San José überstand und erst Wochen später im Hospital San Juan de Dios starb.

Auf jeden Fall, dieser Vorfall beeindruckte und überzeugte den Tico und so holte er mich leihweise, am ersten Tag nur zu einem kurzen Aufenthalt in seinen Stellungen, wo ich mehr erkundete und nur zwei, drei Schüsse abgab, am zweiten Tag schon zu einem grösseren Ausflug, wo wir auch schon mal vor den eigenen Stellungen pirschten, um dem Feind näher zu kommem, aber alles umsonst. Der Tico war nämlich auch ein grosser Chaot, alles, was sich bewegte, war für ihn ein beschiessenswertes Ziel, auch zum Trocknen aufgehängte Hemden, Handtücher usw., ausserdem glaubte er, mit einem Scharfschützen den Krieg gewinnen zu können. Auf der anderen Seite traf ich auch wirklich nichts, ich erschreckte die Guardia gerade mal. Ich zweifelte schon an meinen Fähigkeiten, obwohl ich beim Bund der beste Scharfschütze der Kompanie beim Schiessen auf dem Truppenübungsplatz war; bis mir die Idee kam, dass das gute Gewehr ja gar nicht eingeschossen sein könnte bzw. von den Vorbesitzern verstellt.

Gerade zu diesem Zeitpunkt verbrannte sich unser grosser Oskar heldenhaft am Campingkocher und schied für den Rest des Krieges aus (nach dem Krieg wurde er Chef eines Polizei- und dann eines Grensschutzbataillons, bevor er mit Eden Pastora zur Contra ging). Nachfolger als Gruppenführer wurde der Mann, der die kiffenden Guardias gesehen hatte; unnötig zu sagen, dass man mich dabei abermals überging. Gleichzeitig kam auch noch ein nagelneues BZ-Maschinengewehr ("checa", da aus tschechischer Produktion), mit Laffette und Fliegerdreibein, mit dem dazugehörigen Schützen, einem selten blöden Arschloch, der sich unheimlich wichtig vorkam mit seinen zwei gelernten Übungen am

MG. Er wurde da eingesetzt, wo er wollte, nämlich ganz oben auf dem Hügel, wo auch der Gruppenführer residierte and wo er ganz wild daherschoss und damit auch dass feindliche Feuer auf sich zog. Der neue Chef war schon ganz verzweifelt, denn er wollte das ganze am liebsten ruhig über die Bühne kriegen und nicht dauernd den ganzen Ärger der Guardia in Form von Salven und Granaten abkriegen. Das war übrigens auch der Grund, warum er einen anderen Vorschlag von mir ablehnte, nämlich eine feste Rampe für eine andere neue Errungenschaft von uns zu bauen, die Panzerfaust RPG 2, und damit auf die Stellungen der Guardia zu schiessen. Der Narr von Oscar hatte nämlich am Ankunftstag der neuen Waffe, gleichzeitig auch sein vorletzter Tag an der Front, gleich zweimal sich in seiner vollen Grösse vor die Stellungen gestellt und mit der Panzerfaust Richtung Guardia geschossen, ohne natürlich was in treffen, denn das Visier geht bloss bis 200 Meter und freihändig im Stehen läuft auf 300 Metern und mehr sowieso nichts. Trotzdem fühlte er sich natürlich als der King, schliesslich macht das Ding auch zweimal einen richtigen Krach und die Guardia war bestimmt auch erschrocken und konzentrierte auch sofort das Feuer auf die Abschuss-Stelle, was sehr leicht war, weil die RPG 2 eine riesige Wolke aus Pulverdampf und weissem Staub hinterlässt. Meine Idee war nun, erstens die Waffe zu fixieren und dann ähnlich wie die Artillerie vorzugehen, nämlich sich einzuschiessen, bis man im Ziel ist, und zweitens die Abschuss-Stellung hinter den Hügel zu verlegen (Hinterhangstellung), damit sie nicht mehr sichtbar war. Aber der Hasenfuss von Gruppenführer war strikt dagegen. Auf meine erboste Frage, warum wir denn dann eigentlich da wären, meinte er nach einem verlegenem Nachdenken, zur Verteidigung der Stellungen, und schon ganz Oscar und Kommiss, er wäre hier der Chef und befehle.

Ausserdem wies er mir eine neue Stellung zu, was ich als Repressalie auffasste und sicherlich auch war, aber auch seinen objektiven Grund hatte, denn unsere Gruppe war wieder einmal durch Verwundungen und Krankheit ziemlich ausgedünnt. Mein Vorgänger in der neuen Stellung war durch eine Mörsergranate verwundet worden, was überhaupt kein Wunder war, denn erstens war sie eine flache Minimulde in einer Vorderhangstellung und zweitens befand es sich in einer sehr gefährdeten Gegend in der Nachbarschaft der Gruppe des Tico, wo es Kugeln und Mörsereinschläge nur so hagelte. Der Vorteil für mich war, dass ich dadurch auch örtlich näher beim Tico war. Was mir vom Tag blieb, nutzte ich aus, um die Stellung auszubauen für den Abend und den nächsten Morgen, die gefährlichsten Zeiten. Da nicht allzuviel Zeit war, machte ich mir eine Sitzstellung zurecht, d.h. ich musste nur ein Loch für die Füsse graben und nutzte die vorhandene übrige Mulde aus. Ausserdem war eine Sitzstellung besser für Scharfschützenaufträge geeignet, auch wenn an dieser Stelle das Sichtfeld nicht gerade gut war. Nachnittags probierte ich auch ab und an das Scharfschützengewehr aus, aber ich war mir nie sicher, ob ich auch traf, denn der starke Rückschlag verhinderte eine Verfolgung den Schusses, und bis ich mit dem kleinen Sichtfeld des Zielfernrohres wieder da war, wo ich hinwollte, war nichts mehr zu sehen; nur der Tico machte sich die Mühe, mit seinem Fernglas den zweiten Mann zu spielen (so wie es eigentlich sein müsste) und er meinte immer, dass der entsprechende Guardia nicht getroffen wurde, dass aber die Kugel so nah an ihm vorbeipfiff, dass er erschreckt erst mal für eine Weile untertauchte. Ein- oder zweimal kann man ja vorbeischiessen, aber nicht dauernd, zumal ich ja von meiner Zeit beim Bund wusste, dass ich auch auf die doppelte Entfernung noch traf, also stimmte irgendetwas mit der Einstellung des Zielfernrohres nicht. Ich musste deshalb versuchen, es irgendwie besser zu justieren. Aber erst einmal brach die Nacht herein und ich richtete mich auf eine ruhige Nacht in meiner neuen Stellung ein und wollte, so gut es ging, im Sitzen schlafen.

Nebenan bei der Tico-Gruppe war wieder Karneval angesagt, aber ich horchte nach einer Weile nicht mehr auf die gegenseitigen Verhöhnungen, bis auf einmal die Guardia in unserem Bezirk plötzlich wie wild zu schiessen anfing. Wollten die etwa abends um 8 Uhr in der Dunkelheit angreifen? Vorsichtshalber legte ich meine Magazine und die zwei Handgranaten griffbereit, für alle Fälle, obwohl ich nicht damit rechnete, dass sie direkt bei mir angreifen würden, dazu war der Abhang vor meiner Stellung zu steil und das Dickicht auch zu unüberwindlich, aber links von mir, an der Grenze zwischen den zwei Gruppen, war eine günstige Position, da es dort flacher war und grasbewachsen. An einer ähnlichen Stelle links von der Tico-Gruppe hatten sie es eine Woche zuvor versucht, wurden aber zurückgeschlagen unter Zurücklassung von fünf Toten, unter anderem einem Leutnant.

An das alles dachte ich, bis nach ungefähr 10 Minuten, als die Guardia schon einige Tausend Schuss verschossen hatte, das wilde Feuer eingestellt wurde und es die ganze Nacht ruhig blieb. Erst am nächsten Morgen gab es wieder die übliche "Begrüssung" durch Mörserfeuer, diesmal aber viel stärker und länger als sonst und nicht nur 60-er von der Nähe her, sondern auch 81-er von weiter weg. Auch mir fielen welche in unmittelbare Nähe (etwa 15 bis 20 m), wobei es jedesmal ein saublödes Gefühl ist, wenn die Granate heranpfeift und man nie weiss, wo sie genau hinfällt. Solange sie auf den Boden fällt, so war ich selbst in meinem Loch sicher, wenn sie aber in einem Baum oder Busch explodiert, dann geht der ganze Segen auch nach unten, dann nützt einem ein flaches Loch auch nichts mehr; und wenn einem die Granate direkt ins Loch fällt oder ein paar Zentimeter daneben, dann ist es sowieso aus - auch wenn die Wahrscheinlichkeit dafür sehr gering ist, so vertraut man in dem Augenblick nicht auf die Wahrscheinlichkeitsrechnung, sondern nur mehr auf sein Glück. Tatsächlich explodierte eine Granate auch direkt hinter mir in einem Busch und nur die Tatsache, dass ich mich in dem Loch, das eigentlich nur für die Füsse bestimmt war, so weit wie möglich verkrochen hatte, rettete mich vor Schaden.

Nach diesem Vorfall war ich wild entschlossen, sofort eine „bombige" Stellumg zu bauen, wo ich nicht mehr so sehr auf mein Glück vertrauen musste!

Aber zuerst einmal schaute ich bei den benachbarten Kameraden vorbei, ob ihnen nichts passiert war - ausser einem gehörigen Schrecken hatten sie nichts abgekriegt. Danach ging ich zum Tico, wo zwei Leute leichtere Splitterverwundungen hatten. Dort fragte ich sie auch nach dem Vorfall vom Abend zuvor. Lachend erzählte man mir, dass sie sich einen Scherz mit der Guardia gemacht hatten und gerufen hatten: "Auf, compañeros, zum Sturm, vorwärts, weiter links, weiter usw." Die Guardia hat daraufhin wie wild Sturmabwehrfeuer geschossen und am Morgen drauf entsprechend mit Mörsern reingebuttert, entweder, um zu verhindern, dass der "Sturm" am nächsten Morgen wiederholt wird, oder um sich für den Scherz zu rächen.

Das ganze war natürlich ganz gegen den Geschmack unseres neuen Chefs, der es lieber ruhig haben wollte. Er hatte sogar seinem neuen Super-MG-Schützen verboten, so wild wie vorher rumzuballern. Ich wollte für eine Weile das Dreibein des MGs haben, um mein Scharfschützengewehr justieren zu können, aber der Besitzer weigerte sich strikt und der Chef wusste nicht, was machen; daneben hatte er auch noch ein Flieger-Dreibein aufgebaut, aber auch das wollte er mir nicht geben; schliesslich baute ich dieses einfach ab unter dem keifernden Protest des MG-lers und zog von dannen, hin zum Fluss, wo ich eine Stelle kannte, wo man ein freies Schussfeld von 100 Metern hatte und wo man unbehelligt agieren konnte. An Hilfe war natürlich gar nicht zu denken, was sehr gut gewesen wäre, alle anderen aber waren ängstlich und faul. Nun war aber das Flieger-Dreibein nicht so gut geeignet wie die eigentliche Lafette, um das Gewehr festzumachen, aber schliesslich schaffte ich es trotzdem irgendwie mit vielen Schnüren. In ziemlich genau 100 Metern baute ich mir mein Ziel auf and begann mit dem Justieren. Schon beim ersten Schuss löste sich die ganze Sache und durch die Wucht des Rückschlages brach sogar der angebundene Abzugsbügel. Nach längerem Hin und Her hatte ich dann das Gewehr einigermassen fest und konnte mit dem Justieren beginnen; das war sehr langwierig allein, denn nach jedem Schuss musste ich ja zum Ziel laufen, um festzustellen, wo genau der Einschlag war. Ich begann einfacherweise mit der Seitenjustierung, die auch am meisten verwackelt war: mehr als 10 cm auf 100 m, d.h. auf 300 m schoss ich jedesmal 30 cm daneben!

Ich hatte gerade die Seitenjustierung einigermassen im Griff, als es zu regnen anfing. Notgedrungen musste ich mein so mühsam fixiertes Gewehr abbauen, damit vor allem die Optik durch die

Feuchtigkeit keinen Schaden nahm. Ich stellte mich mitsamt meinen beiden Gewehren (mein FAL hatte ich natürlich auch immer dabei) unter einen Baum, liess allerdings das Dreibein auf der Sandbank im Fluss. Der Regen wurde immer stärker und ich hatte so bestimmt schon eine halbe Stunde verbracht, als ich sah, wie der Fluss anstieg: die Sandbank verschwand, plötzlich stand das Dreibein im Wasser. Ich wollte auf keinen Fall, dass das Ding weggeschwemmt würde, zumal ich kaum ohne es zurückkommen konnte, nachdem ich so dafür gekämpft hatte.

Also machte ich mich notgedrungen auf, das schwere Ding rauszuholen. Als ich ins Wasser ging, stand es mir bis zur Stiefeloberkante, mit Mühe erreichte ich das Dreibein, die Strömung wurde plötzlich reissend und der Wasserspiegel stieg rasend schnell - auf der Sandbank stand mir das Wasser schon bis zu den Knien, zurück ging es mir fast bis zum Gürtel! Mehrmals lief ich Gefahr, den Halt zu verlieren und davongerissen zu werden, ganz zu schweigen vom Verlust des Dreibeins. Mit Mühe und Not erreichte ich das Ufer, glücklicherweise mitsamt dem verdammten Ding, wo ich mich erst einmal von den Strapazen und noch mehr dem Schreck erholte. In wenigen Minuten war aus einem träg dahinfliessenden Bach ein reissender, 20 Meter breiter Fluss geworden! Sicher hatte es schon vorher am Flussoberlauf geregnet, der noch dazu in der Hügelkette liegt, die sich zwischen dem Pazifik und dem Nicaragua-See erstreckt, also viel höher lag als hier, wo wir fast an der Mündung in den See waren. Fast wäre ich durch die Rettung des blöden Dreibeins elendiglich und wenig heldenhaft ersoffen!

Da ich weder die Möglichkeit noch die Lust hatte, die Justierung fortzusetzen, trollte ich mich, trotz des Regens, und baute dem Idioten sein Fliegerdreibein wieder auf, obwohl das so überflüssig wie ein Kropf war. Die T-33-Jets und die Push-and-Pull kamen kaum mehr, ausserdem hatten selbst schwere Fla-Vierlinge nichts gegen die ausgerichtet, sie aber zumindest vertrieben. Sie kamen wohl auch deshalb kaum mehr, weil es evtl. an Sprit und Munition fehlte. Jetzt kamen nur noch Hubschrauber, die allerdings so hoch flogen, dass man sie eher hörte als sah - natürlich war da mit normalen Waffen auch nichts mehr auszurichten. Diese Hubschrauber warfen anfangs Bomben von 250 und 500 Pfund auf unsere Linien, aber meist auf der anderen Seite des Flusses, da man diese in den Weiden eher ausmachen konnte als in den bedeckten Hügeln. Minutenlang schwebten sie da oben und zielten und zielten, schon lange vor dem Einschlagen hörte man das Pfeifen der Bomben, die einen Mordskrach machten and Löcher von 1-2 Metern Tiefe und 5 - 8 Metern Durchmesser rissen, aber irgendwohin fielen, aber nie ins beabsichtigte Ziel. Später benutzte die Guardia gefüllte Fässer, da sie anscheinend keine Bomben mehr hatte; man sah ab Verlassen des Hubschraubers den Rauch der Zündschnur, die aber stets irgendwann ausging, sodass das Fass zerplatzte, ohne einen Brand auszulösen, der aber kaum schlimm gewesen wäre, da ja alles tropfte vor Nässe und nur ab und an vor- und nachmittags die Sonne durchkam und uns Gelegenheit gab, uns und unsere Sachen zu trocknen. Ziemlich am Schluss fiel so ein Fass auch in die Nähe meiner Stellung; durch die ungünstige aerodynamische Formgebung war das Pfeifen, Sausen und Heulen noch grösser als bei den Bomben und Granaten, beim Aufschlag erbebte die Erde, es erfolgte aber keine Explosion oder Brand, nur ein Wahnsinnsgeruch nach Benzin schwebte lange in der Luft. Wenn die Guardia geschickt gewesen wäre, hätte sie mit Mörsern oder Kanonen das Benzin entzünden können, aber auch bei denen wusste die Rechte nicht, was die Linke tat.

Bei uns hingegen tat sich was. Es kamen ein paar Obere und suchten ein paar gute Leute aus, die einen Spähtrupp machen sollten, unter anderem wurde auch ich ausgewählt. Es ging um die Geschichte mit dem Erholungslager der Guardia, das sollte nochmal genau ausgekundschaftet werden, um dann später eine Aktion drauf machen zu können. Das war endlich nach meinem Geschmack! Zu fünft sollten wir den Spähtrupp laufen, einer davon war von den Leuten, die der Guardia fast auf die Füsse getreten wäre. Die Einweisung war äusserst vage, nach dem Muster, dort irgendwo in der Richtung, der eine kennt sich ja aus.... - aber der kannte sich natürlich nicht aus, denn er hatte sich ja verirrt und nur mit Glück zurückgefunden! Und das alles ohne Karte. Also holte ich erst mal meine heraus, die von den anderen ungläubig bestaunt wurde, aber dadurch wurden die Informationen auch nicht genauer, denn sie hatten keine, ausser, dass es eine Hacienda an einer Brücke an irgendeinem der nördlich liegenden Flüsse gab, die als so eine Art Unterhauptquartier diente und dass auf dem Hügel in der Nähe sich die Guardia ausruhte. Dem Anführer für den Spähtrupp hatten sie auch dabei, der auch nichts wusste and kannte, aber ein grosser Angeber und Sprüchemacher war. Mein Enthusiasmus schwand zusehends, aber lieber machte ich mit als mich weiter zu langweilen. Also zogen wir los. Es wurde der chaotischste Spähtrupp meines Lebens; wer beim Bund als Rekrut sich solche Dinge leistet, wird zusammengeschissen, dass er danach in keinen Schuh mehr passt, aber glücklicherweise war die Guardia genauso chaotisch bzw. war so arglos, weil sie keine hohe Meinung von unseren Fähigkeiten hatte.

Wir hatten natürlich keinen Kompass dabei und nur ich eine Karte. Es war jedesmal ein halber Streit, bis die Richtung wieder einigermassen korrigiert war. Anfangs war das gefechtsmässige Verhalten auch einigermassend ansprechend, ausser was die Lautstärke betrifft, vor allem wenn wir uns wieder einmal stritten. Aber eigentlich war es leicht, das Ziel zu finden, denn wir brauchten nur dem Abschussknall der Mörser und rückstossfreien Kanonen nachzugehen, die in unregelmässigen Abständen über uns hinweg Richtung La Calera schossen, wo zu dieser Zeit die heftigsten Gefechte stattfanden. Man konnte durch den zeitlichen Abstand zwischen dem Pfeifen der Kanonengranaten und dem Hören des Abschussknalls sogar in etwa die Entfernung der Stellung berechnen - dort in der Nähe war bestimmt auch unser Objekt, also an der zweiten Brücke. Die anderen aber wollten unbedingt auch bei der ersten Brücke vorbeischauen, obwohl dort nur ein einzelnes Haus eingezeichnet war, also keine Hacienda. Nur mühsam konnte ich sie überzeugen. Am frühen Nachmittag waren wir so weit am Objekt heran, dass man von einem Baum aus und mit einem Feldstecher die Guardia erkennen konnte, aber eigentlich keine Einzelheiten, die aber unerlässlich waren für ein Kommandounternehmen. Ich drang darauf, näher ranzugehen, wenigstens zu zweit, aber erfolglos; auch eine genaue Erkundung der Abschuss-Stellungen wurde abgeschlagen. Angeblich war es schon sehr spät und wir mussten heute noch zurück sein, denn die Informationen waren dringend. Das war natürlich mehr als lächerlich, denn erstens hatten wir keine brauchbaren Informationen und zweitens war die unsprüngliche Information schon etwa 10 Tage alt, also kam es auf einen Tag mehr oder weniger auch nicht an, aber das waren schliesslich alles nur Vorwände, denn ganz offensichtlich trauten sie sich nicht näher ran, wollten keine Nacht im Busch in der Nähe der Guardia verbringen, sondern lieber heim zur Mami. Also kehrten wir um. Jetzt erst begann so richtig das Chaos!

Anstatt so zurückzugehen, wie wir gekommen waren, wurde ein grosser Bogen geschlagen, um ja nicht mit der Guardia in Berührung an kommen. So verloren wir viel Zeit: ein längerer Weg, mehr Orientierungsschwierigkeiten und Probleme mit dem dichten Busch. Was die anderen vermeiden wollten, nämlich spät heimzukommen, trat dadurch erst recht ein. Schliesslich wurde es dunkel und ich schlug vor, da zu bleihen, wo wir waren, aber die anderen wollten unbedingt zurück. Schliesslich wurde nach einer Taschenlampe gefragt; ich hatte zufällig eine kleine, kugelschreibergrosse dabei, die ich kurz zuvor gefunden hatte. In meiner Einfalt gab ich sie weg. Mich traf fast der Schlag, als ich unseren Oberdeppen mit der Lampe rumleuchten und nach einem Weg suchen sah! Er gab sie auch nicht mehr her und fuchtelte damit die ganze Zeit in der Gegend rum. Man stelle sich vor: ein Spähtrupp, der nachts mit einer Taschenlampe unterwegs ist! Schliesslich kamen wir an eine Stelle, die der Oberguru kannte, weil sie fast vor den eigenen Linien war, aber an einer anderen Stelle als da, wo wir losmarschiert waren. Wenn die Compas uns verwechselten, die ausgemachte Parole nicht kannten usw., konnte es uns passieren, dass wir von den eigenen Leuten angeschossen worden wären. Anstatt leise die Parole in Richtung der Leute zu rufen, brüllte unser Oberdepp laut den Namen / Pseudonym des dortigen Zugführers (Waslala, ein Ort im Norden von Nicaragua mit starker FSLN-Präsenz, was mich bei der Aussprache der Nicas sehr an die Sioux-Ogelallah aus Karl May erinnerte), der nach einiger Zeit uns auch hörte und uns zu sich rief. So endete dieser chaotische Spähtrupp.

Als ich am nächsten Tag vom Esssenholen aus Sapoá zurückkam, wurde gerade unser grosser MG-Schütze verarztet, ein Scharfschütze hatte ihn in den Arm geschossen, als er gerade mal wieder gekonnt herumfuhrwerkte an seinem BZ. Aber auch auf mich wartete eine Uberraschung, denn ich sollte mal wieder die Stellung wechseln. Irgendein Oberer hatte meimem Chef eingeredet, dass der Scharfschütze die Stellung mit der besten Übersicht haben müsste and ausserdem nahe beim Gruppenführer sein sollte, genauso wie das MG. Also bekam ich eine andere Stellung, die zwar wirklich ausgezeichnet war, aber eine Vorderhangstellung, d.h. es gab Schwierigkeiten beim Stellungswechsel. Das gab ich meinem Hasenfusschef auch zu bedenken, aber er meinte, ich hätte keine Stellung zu wechseln, sondern gefälligst da drin zu bleiben. Bei mir wallte das Blut, denn das war gegen jeden Sinn und Verstand! Schliesslich lebt die Funktion des Scharfschützen davon, ständig unentdeckt zu bleiben und dazu gehört nun mal der Stellungswechsel. Aber der Idiot wollte einfach zeigen, wer der Chef ist.

Ich habe trotzdem eine, wenigstens eine Wechselstellung gebaut und fallweise auch andere benutzt, das Problem war aber das unerkannte Herauskommen aus meiner Hauptstellung. Das löste ich schliesslich einigermassen durch Tarnmassnahmen. Zuerst einmal aber musste ich die Stellung richtig ausbauen, denn bis dahin war sie nur eine flache Mulde, in der gerade der Winzling von Vorgänger liegend reinpasste. Als ich ihn drauf ansprach, wie er denn eigentich aus so einer Mulde heraus schiessen konnte, antwortete er voller Stolz, dass er das immer im Stehen gemacht hatte und fügte noch hinzu, indem er seine Bluse aufknöpfte: "wir kämpfen mit offener Brust, nicht so wie Ihr Gringos !". Ich bedeutete ihm, dass er bescheuert wäre; ausserdem hat er freihändig auf dreihundert Meter bestimmt nichts getroffen. Kurz danach war er übrigens tot.

Ich auf jeden Fall hatte keine Lust, mit offener Brust zu kämpfen und bald tot zu sein, sondern ich wollte alle meine Kenntnisse in den Bau der neuen Stellung stecken, um geschützt und effektiv zu sein. Nächtelang grub ich mich immer tiefer in den Boden hinein, trotz des felsigen Untergrunds, bis ich bequem in der Stellung stehen konnte. Frühmorgens erneuerte ich immer die Tarnung, um nicht durch welkes Laub aufzufallen, das alte Tarnmaterial benutzte ich für hinten and oben, um möglichst einen dunklen Hintergrund und den ganzen Tag Schatten an haben. Die herausgebrochenen Steine dienten mir dazu, Schiess-Scharten zu bauen. Einen etwas höhergelegenen Teil deckte ich ab, was viele Vorteile hatte: Schutz vor Regen, auch während des Schlafs, Schutz gegen Granatsplitter, da über mir ein Baum war; ausserdem häufte ich noch Gestrüpp über der Abdeckung an, sodass im Zweifelsfall die Granate immer in der Luft explodiert wäre und nicht die Decke durchschlagen hätte; wenn sie durch einen Zufall in den offenen Teil der Stellung gefallen wäre, der tiefer lag, hätte ich zwar den Druck abgekriegt, nicht aber die Splitter; das wenige Sickerwasser im höheren Teil lief in den tieferen Teil ab, wo man es abschöpfen konnte; zusätzlich installierte ich im tieferen Teil noch so eine Art Rost, auf dem man trocken stehen konnte. Ich war richtig stolz auf meine Stellung und das Meisterwerk sprach sich schnell herum, was viele veranlasste, es zu besichtigen, zu meinem grossen Leidwesen, denn der rege Personenverkehr passte nicht zu den Tarngrundsätzen. Auslöser dafür war der Tico und der chilenische Chef der Kanoniere, die dann alles weitererzählten. Der Tico war geradezu überwältigt von der guten Aussicht und blieb eine ganze Weile bei mir, wobei er sich die Stiefel auszog und heftig zu kratzen anfing - er hatte nämlich beide Füsse über und über voll mit Fusspilz, dazu noch alles blutig gekratzt. Dabei hat er mir seinen Fusspilz vermacht, an dem ich lange zu leiden hatte. Es war das letzte Mal, dass ich ihn sah, denn am nächsten Tag ging er wieder nach Sapoá, um unsere gemeinsam erarbeiteten Pläne für eine aktivere Führung des Krieges bei den Oberen vorzutragen. Dort wurde er mit anderen zusammen von einer 250-Pfund-Bombe getötet - die erste, die ins Ziel traf. Auf diese Weise verlor ich den einzigen einigermassen vernünftigen Ansprechpartner. Es war zum Verzweifeln: jedesmal, wenn ich ein bisschen was erreicht hatte, war plötzlich alles wieder umsonst.

Ausserdem war ich auch neidisch auf den Fizz und ein paar andere, denn sie waren aus der Front rausgezogen worden, um ein Kommando zu bilden. Mir blieb also nichts anderes übrig, als mich auf meine Rolle als Scharfschütze zu beschränken. Das Gewehr war ja nach der Seite einigermassen einjustiert, die Höhe war nicht so tragisch, da das Zielfernrohr eine verstellbare Entfernungsskala hatte, mit der man nach einiger Übung und Erfahrung den Höhenunterschied ausgleichen konnte. Oscar hatte nach seiner Verbrennung ein Fernglas zurückgelassen, das niemand benutzte, da nur eine Hälfte ging. Für mich war es aber ideal, da ich es hochkant benutzen konnte, so als eine Art Scherenfernrohr, ohne viel aus der Stellung herauszuragen und damit nicht mehr das Zielfernrohr zur Beobachtung benutzen musste, was nicht nur umständlich, sondern auch gefährlich war, da dadurch der Lauf dauernd bewegt wurde und man leicht entdeckt werden konnte.

Die Guardia war schon nicht mehr so leichtsinnig wie am Anfang. Aufgrund der Schrecken hielt sie eiserne Disziplin und immer nur einer pro Abschnitt wachte; wo sie sich aber sicher fühlten, da waren die Burschen ganz Nicas und haben herumgefeixt, ungeniert gekocht usw. Das waren meine beliebtesten Ziele, wenn ich auch leider wie schon beschrieben nie genau den Erfolg beobachten konnte, aber allein aufgrund der Reaktion muss zumindest, wie die alten Österreicher gesagt hätten, die moralische Wirkung eine ungeheure gewesen sein, denn nach und nach erlosch wenigstens am Tage jede grössere Aktivität, zumindest in meiner direkten Reichweite. Das ging einige Tage so, ohne dass ich entdeckt wurde, dank meiner hervorragenden Tarnung und sonstigen Täuschungsmassnahmen und trotz der unsinnigen bis mörderischen Anweisung, ich sollte mich nur in meiner Stellung aufhalten.

Dann versuchte es die Guardia mit "Lockvögeln", d.h. Soldaten mussten vor meiner Flinte rumspringen, um mich herauszulocken und um festzustellen, wo ich war. Ich fiel aber nicht darauf rein, allein schon deshalb, weil ich grundsätzlich nicht auf bewegliche Ziele schoss, weil das viel Übung erfordert und auf diese Entfernung von 300 m sehr wenig erfolgversprechend ist. Dazwischen versuchten sie es mit „Abklopfen" der Front, d.h. sie schossen auf bestimmte Abschnitte, wo sie mich vermuteten, und warteten auf eine Reaktion – auch darauf fiel ich nicht herein. Es waren sonst sehr ruhige Tage, denn die anderen waren es in der Zwischenzeit leid, in der Gegend herumzuballern. Nur den einen oder anderen Nationalgardisten juckte es manchmal im Finger.

Eigentlich war es, vor allem morgens und abends, ein wunderschönes Bild: von der grünen Höhe aus schaute man auf saftige Weiden, dahinter Hügel, ebenfalls Weiden, dann sah man einen dünnen Strich, den man als Panamericana erahnen konnte, dahinter der See und im See die beiden erloschenen Vulkane Maderas und Concepción, die zusammen die Insel Ometepe (= 2 Berge) bilden; ein wunderbar idyllisches Bild, wenn da nicht die Schützengräben und die Guardia gewesen wären!

Uns gegenüber lag die „Höhe 50", an der Strasse die „Höhe 33", wo sich der Hauptteil des Feindes mit seinen schweren Waffen verschanzt hatte. Bisher hatte ich es hauptsächlich mit den Burschen von der Höhe 50 zu tun gehabt, aber die anderen waren so dreist und so selbstsicher, dass sie mich geradezu herausforderten. Nach der Karte waren es etwa 500 – 600 m, also kamen nur grössere Ziele in Frage. Mittags versammelten sie sich immer an so einer Art Feldküche, wo sie sich sicher fühlten und im Haufen rumstanden. Genau da hinein hielt ich einen Schuss. Nachdem ich das Ziel mit dem Fernglas wieder erfasst hatte, sah ich, dass alle verschwunden waren und nur einer über die Deckung drüber mit der Faust drohte. Am frühen Nachmittag wollte ich gerade ein neues Ziel aufnehmen, als es plötzlich um mich herum splitterte und krachte!

Eine Kugel pfiff direkt an meiner rechten Schläfe vorbei, eine andere prallte gegen einen Stein, der den rechten Teil einer Schiess-Scharte bildete, von dort löste sich ein Steinsplitter und prallte gegen das Fernglas, das mir dadurch ins Auge drang. Beim unwillkürlichen Nachunten- und Umdrehen sah ich in der Felswand hinter mir den Einschuss der anderen Kugel und die Steinchen, die noch nach unten wegbröselten. Da mehrere Feuerstösse abgegeben worden waren, glaubte ich zuerst noch an einen Zufall und wollte nach dem ersten gehörigen Schrecken meine Beobachtungstätigkeit wieder aufnehmen. Ich hatte noch nicht ganz den oberen Rand des Fernglases sachte über die Deckung geschoben, als es schon wieder Feuerstösse setzte, noch dazu sehr genau, einer der Schüsse ging sogar wieder durch die Schiess-Scharte hindurch - kein Zweifel, man hatte mich entdeckt und die Burschen schossen sehr genau, wenn auch nicht unbedingt so, wie es im Handbuch für Scharfschützen drinsteht, nämlich nur Einzelfeuer und auf sichere Ziele. Schon bei der geringsten Anstalt, etwas hochzuhalten, schossen sie wie wild. Von der Folge der Feuerstösse her zu urteilen, müssen es mindestens 2 gewesen sein, die mir da auflauerten. Später kriegte ich ein CAL in die Hand (Nachfolger von FAL, mit der M-16-Munition und der damals revolutionären Möglichkeit eines kontrollierten 3-Schuss-Feuerstosses). Das CAL verbunden mit einem Zielfernrohr würde erklären, wie diese Burschen schossen.

Wie hatten sie mich entdeckt? Meine Annahme ist, dass sie die verschiedenen Schusswinkel analysiert haben und ihnen der letzte "goldene" Schuss auf den Essenspulk den entscheidenden Hinweis gab. Ich war also gewissermassen eingesperrt in meinem Loch, wenn mir auch nichts passieren konnte durch die bombigen Deckungen, die ich hatte.

Die anderen kriegten von dem ganzen wenig mit und später kam sogar einer und wollte mit das überfällige Mittagessen bringen. Ich habe ihn ganz schnell wieder weggeschickt und ihn auf die Gefahr aufmerksam gemacht. Nun bekam ich den Nachteil der Vorderhangstellung, nämlich die Schwierigkeit, ohne Laufgräben Stellungswechsel zu machen, voll zu spüren. Untätig musste ich den ganzen Nachmittag im Loch verbringen, ab und zu schossen die Kerle sogar, ohne sie zu provozieren, gewissermassen als Herausforderung, mich mal wieder zu zeigen, aber ich hielt mich zurück. Insgesamt zeigten sie eine solche Geduld und Hartnäckigkeit, dass ich und andere annehmen mussten, es nicht mit Nicas, sondern mit asiatischen Söldnern zu tun zu haben, was nach all den Nachrichten gar nicht so abwegig war. Erst nach Einbruch der Dunkelheit konnte ich meine Stellung verlassen, um etwas zu essen und um dem Gruppenführer Vorwürfe zu machen, wohin sein unsinniger Befehl führe. Im Mondschein zeigte ich ihm die Bescherung, die ganzen Einschläge (sie hatten die Steine vor der Deckung buchstäblich zu Schotter geschossen). Aber den Kratzer am Fernglas, mein leicht blaues Auge und meine vorübergehende Schwierigkeit, mit dem rechten Auge scharf zu sehen, konnte er natürlich nicht sehen. Trotzdem sagte die Drecksau genüsslich, dass das meine Stellung sei und ich da gefälligst zu bleiben hätte, gerade er, der Hasenfuss; der wollte mich verheizen!

Am liebsten hatte ich IHN im Fadenkreuz gehabt, aber es half nichts; ich ging also daran, meine schon perfekte Stellung noch weiter zu perfektionieren und die Schäden auszubessern, vor allem aber die Dunkelheit herum zu erhöhen, wobei mir aber natürlich bewusst war, dass die Stellung entdeckt war, oder, wie die Nicas sagen, "quemado" - verbrannt) - das war sie übrigens schon vor meiner Ankunft, aber meine Bemühungen verschafften mir ein paar Tage Aktionsfreiheit.

Im Morgengrauen ging es schon viel früher als üblich mit dem Mörserangriff los und ganz offensichtlich gezielt auf meine Stellung. Der Angriff dauerte auch länger als sonst, allerdings wurde er nur von einem oder zwei 60-cm geführt, also leichten Granatwerfern.

Ich verkroch mich in meinen Unterstand und war eigentlich ziemlich guter Dinge, da ich gut gewappnet war, wenn natürlich auch ein gewisses mulmiges Gefühl aufkommt, wenn ständig ganz in der Nähe (etwa 5 – 20 Meter, sie schossen sehr genau !) Einschläge krachen. Der Angriff dauerte mindestens eine halbe Stunde, immer wieder machten sie halt, um die Genauigkeit zu erhöhen und zu korrigieren - sie hatten mich auf dem Kicker. Was die Scharfschützen am Tag zuvor nicht schafften, versuchten sie jetzt mit Mörsern.

Irgendwann hörten sie dann doch auf, nach einer weiteren Sicherheitspause verliess ich dann blitzartig mit meinen Siebensachen die Stellung - nicht bloss um zu essen, sondern auch, um nicht wieder zurückzukehren. Allerdings wurde mir das leicht gemacht, denn allerseits herrschte helle Aufregung, vor allem, weil die anderen alle nur normale Schützenmulden hatten und nur durch ein Wunder keiner der umliegenden zu Schaden kam. Vor allem mein linker Nachbar begehrte auf und verlangte, dass der Scharfschütze da weg müsste. Auch dem Hasenfuss von Gruppenführer, der nur 15 - 20 Meter von mir entfernt seine Stellung hatte, war sein Leben in der Zwischenzeit wohl lieber als seine Gelüste, mich zu schikanieren, und so lautete der typische Befehl, ich solle mich dahin verziehen, wo ich wolle. Das war meine ursprüngliche Stellung, denn die war nicht einzusehen, in der Zwischenzeit gut ausgebaut, einschl. Unterstand, wenn auch sehr nass, und zentral gelegen, so dass ich von da aus meine Pirschen unternehmen konnte, sobald mein Auge wiederhergestellt war. Das tat nämlich mit der Zeit doch mehr weh als ich ursprünglich dachte, so dass ich am selben Tag nicht als Scharfschütze fungierte, sondern eher die sozialen Kontakte, meine Kleider sowie meinen Körper pflegte.

An dem Tag kamen auch ein paar neue für unsere Gruppe, die rechts von mir eingesetzt wurden, obwohl das unsinnig war, und die ich einweisen sollte. Sie machten alle einen recht kriegerischen Eindruck, vor allem der eine, der "Gringó" genannt wurde, wohl weil er in den USA gelebt hatte. Abends dann, nach der üblichen Verabschiedung der Guardia durch Mörser, fingen die neuen plötzlich ohne jeden ersichtlichen Grund an zu ballern, zuerst einer, dann mehrere. Es wollte überhaupt nicht aufhören, ein Magazin nach dem anderen, wobei aber keine Erwiderung von seiten der Guardia zu vermerken war. Um sicherzugehen, schlich ich mich in einer Feuerpause zu ihnen vor und erkundigte mich, alle aber versicherten, sie hätten nicht geschossen. Leider versäumte ich, den Lauf ihrer Gewehre anzufassen, um mich zu vergewissern. Unverrichteter Dinge kehrte ich zurück, Feind gab es offensichtlich keinen; kurz danach fing die Ballerei wieder an, bis alle Magazine leer waren and man nur noch das Klacklack des Auffüllens der Magazine hörte. Am nächsten Tag vergewisserte ich mich bei der Nachbargruppe und der von Rafael und auch die waren sich sicher, dass es die neuen waren. Offensichtlich gingen sie nach dem Motto vor: wenn ich schon Schiss habe, dann sollen die anderen auch einen kriegen; so allein standen sie damit ja nicht, denn die ersten Tage ballerten ja so ziemlich alle um die

Wette. Ich war einer der wenigen, die dieses Ballern verabscheute, den anderen hingegen machte es zum Teil sogar noch
einen Heidenspass. Ich habe am Rio Ostayo höchstens 50
Schuss verschossen, davon nur eimmal im Feuerstoss ein Magazin (20 Schuss) gegen einen relativ tief fliegenden Hubschrauber.

Dann aber wurde ich wie der Fizz aus der vordersten Linie her-
ausgezogen, was ganz offensichtlich mit dem Spähtrupp zusam-
menhing, denn vier von uns wurden gemeinsam nach Sapoá geschickt, wo wir auf den wirren Spähtruppführer trafen und noch
einige andere Leute, insgesamt waren wir 14, ein sehr zusam-
mengewürfelter Haufen: der Chef war ein Spanier, Typ Intellektu-
eller (später erfuhr ich, dass er Maler war), dazu ein Kolumbianer,
Ticos, Panameños, am erfreulichsten für mich war aber das Wiedersehen mit dem Gato von der Base 20 und Nueva Guinea. Wir
wurden in einem verlassenen Haus in Sapoá untergebracht - was
für ein Gefühl, nach vier Wochen wieder eine Nacht in einem
Haus, ganz trocken! - und bekamen reichlich Essen. Am nächsten
Morgen gabs auch zusätzliche Waffen, ich erhielt z.B. mein lang
ersehntes M 79, ein amerikanischer Handgranatwerfer, der
auschaut wie eine dicke abgesägte Schrotflinte, andere kriegten
zwei RPG 2, Handgranaten usw., alles Typ Kommando. Offensichtlich sollten wir die Aktion durchführen, wofür der Spähtrupp
so glorreich ausgekundschaftet hatte. Dazwischen gabs Abwechslung durch einen Tiefflieger, gegen den wir alle kräftig
schossen, sonst war Erholung und Austauschen von Erfahrungen
angesagt, wobei mich natürlich besonders interessierte, wie es
dem Gato ergangen war. Er berichtete auch über seine Waffen-
transporte von Costa Rica nach Rivas, bis uns unser neuer Chef
unterbrach, wir sollten nicht so viele militärische Geheimnisse be-
sprechen, was natürlich ein ausgemachter Schmarren war, denn
das waren ja alles Erlebnisse aus der Vergangenheit. Wir waren

gerade dabei, mit der Vorbereitung des Mittagessens anzufangen, als Alarm kam: alles, was laufen und kämpfen kann, an die Front, die Guardia wäre in unsere Stellungen eingebrochen. Wir als "Verfügungstruppe" natürlich als allererste. Also alles zusammenpacken und im Laufschritt zum Hauptplatz, wo auch das Hauptquartier war. Wir waren schon fast angelangt, als uns ein Jeep entgegenkam, der uns abholen sollte. Alles drauf auf den Jeep (14 Mann!), ich war der letzte, hatte mich aber noch nicht richtig festgekrallt, als der Fahrer schon losfuhr, weshalb ich runter- und voll auf den Arsch fiel.

Alle lachten schadenfreudig nach Nica-Manier und einer bemerkte noch: "Naja, wenigstens passiert Dir heute nichts mehr!" Beim Hauptquartier gabs nochmal Munition und letzte Anweisungen, dann gings in einer Höllenfahrt die zwei Kilometer vor bis zu der Stelle, wo der Jeep nicht mehr weiter konnte. Im Laufschritt gings weiter, man hörte schon von weitem, dass irgendetwas im Gange war, überall wildes Schiessen allenthalben. Am Fluss angelangt, machten wir kurz Rast und fragten die zurückströmenden Verwundeten, wo denn der Einbruch sei; nach der Beschreibung war dies bei der Gruppe, die der Tico früher geführt hatte; die Guardia hatte nach einer Vorbereitung mit Trommelfeuer die Stellungen glatt überrannt. Die anderen kannten sich hier alle nicht aus, ich mich sehr wohl, weshalb ich die Spitzenposition übernahm. Kurz begrüsste ich alle Bekannten der Gruppe von Rafael beim Vorwärtshasten, die alle sichtlich aufatmeten und von uns einiges erwarteten, von uns "bufalos" (Büffeln, „bärenstarken"). Wir liefen den Hügel hinauf, an meiner ersten Stellung vorbei bis fast hin zur Spitze des Hügels, wo wir wegen des dichten Kugelhagels (Gewehrfeuer) nicht mehr vorwärts konnten, der von der anderen Seite hochkam. Das Feuer war so dicht, dass, glaube ich, kaum ein Blatt von diesem Busch ohne Einschuss blieb. Wir warfen uns alle auf den Boden, krochen dann noch etwas vorwärts, bis es wirklich nicht mehr ging. Uns kamen gerade die letzten drei Versprengten in panischer Flucht entgegen, als unser Führer, der Spanier, mitsamt seiner Panzerfaust bis zur Spitze des Hügels sprintete und sich in das Loch warf, wo früher unser Gruppenführer drin war: Ich fand das bescheuert, da er sich auf dem Kamm noch mehr der Gefahr aussetzte und rief ihm zu, wir sollten links um den Hügel, auf halber Höhe, vorgehen. In dem Augenblick gabs die erste Explosion. Ich glaubte, der Spanier hätte mit seiner Panzerfaust geschossen und rief ihm zu, das sei doch dumm und er solle doch endlich mit mir links rum kommen, als ich vor mir Dreck aufspritzen sah, dann einen fürchterlichen Schlag gegen den Kopf erhielt und danach eine noch fürchterlichere Explosion erfolgte.

Der erste Gedanke war: für mich ist der Krieg aus! Dann versuchte ich zu fühlen, ob vom Gesicht noch was übrig war oder ob alles Matsch war, danach kam eigenartigerweise der Gedanke, dass nun wohl schon wieder die ganzen Vorderzähne kaputt waren (damit hatte ich nämlich jahrelang zu kämpfen), vor allem aber brannte mein Gesicht ganz teuflisch. Mein nächster Gedanke war dann: nichts wie weg von hier! Aber ich hatte zumindest soviel Kaltblütigkeit bewahrt, dass ich es nicht machte wie die meisten Verwundeten, die einfach alles wegschmissen und davonliefen, soweit sie noch konnten, sondern ich packte bewusst mein FAL und mein gerade erhaltenes M 79, die ich fallengelassen hatte und schlich gebückt, trotz des anhaltenden Kugelhagels, zurück.

Mit dem linken Auge konnte ich noch was sehen, das rechte schloss sich schon nach Sekunden, allerdings konnte ich damit noch einen leichten Lichtschein erkennen, als ich mich erhob. So torkelte ich mit meinen Siebensachen durch die Gegend, zurück, dahin, wo der Jeep die Verwundeten abholen konnte. Als ich bei Rafael vorbeikam, rief ihm zu, er solle über Funk den Jeep rufen, völlig erschreckt antwortete er überhaupt nicht, weshalb ich wie ein Betrunkener immer wieder meine Forderung wiederholte.

Wieder musste ich durch den Fluss durch, der sogar ziemlich hoch war, auf der anderen Seite gesellte sich dann ein Kamerad hinzu, der mich immer führen wollte, was ich aber eigenwillig ablehnte. Erst später erkannte ich, dass es der Gato war. Am Platz angekommen, bis zu dem der Jeep kam, warf ich mich einfach auf den Boden, gegen meinen Rucksack gelehnt. Der Gato kümmerte sich rührend um mich, er gab mir aus meiner Feldflasche zu trinken, öffnete mir die Knöpfe. Wenn ich was murmelte, so rief er immer, das er nichts höre; später stellte sich heraus, dass er direkt hinter mir gelegen hatte und durch die Explosion eines seiner Trommelfelle platzte (da er später nicht so gut versorgt wurde wie ich, hatte er mehr Probleme mit hören, obwohl bei mir auch das rechte Trommelfell geplatzt war). Ausserdem merkte ich erst jetzt, dass er leichte Risse in der Gesichtshaut hatte vom Druck der Detonation, aber sonst sah er recht fidel aus, weshalb ich ihm auch meine Waffen und Munition anvertraute. Er war auch mehr vor Schreck als sonst irgendwas davongelaufen und kehrte, nachdem ich mit dem Jeep davonfuhr, an die Front zurück! (Später erzählte er, wie sie in einem wilden Kampf die Guardia zurückschlugen und viele töteten – etwa ein Dutzend oder mehr). Allmählich füllte sich der Platz mit Verwundeten, darunter noch einer von der neuen Gruppe, der von der gleichen Explosion einen Splitter in den Oberschenkel abbekommen hatte.

Endlich kam der Jeep. Ich als Schwerstverletzter durfte auf dem Beifahrersitz Platz nehmen. Nach kurzer Zeit wurden wir beschossen, was ich aber nicht merkte bzw. mir egal war. Der Jeep hielt an, alle anderen warfen sich auf den Boden, nur ich blieb sitzen. Ich bequemte mich eigentlich mehr wegen der dauernden Rufe der Kameraden als wegen der Gefahr dazu, mich formal auch aus dem Fahrzeug zu begeben. Nachdem die unseren die Quelle des feindlichen Feuers entdeckt und zum Schweigen gebracht hatten, setzte der Jeep in rasender Fahrt seine Reise fort, an Sapoá vorbei, wo ich so oft und noch heute gewesen war, zu einer Art Truppenverbandsplatz, wo ich sofort bevorzugt drankam und mich auf einer Bahre niederlassen sollte. Der "Oberarzt" teilte zwei Leute ein; der eine schüttete mir erst einmal einen ganzen Kanister Wasser über den Kopf, dafür hätte ich ihn am liebsten gewürgt! Der andere nestelte dauernd an meinem rechten Oberarm herum und schnitt mir mit einer Schere den Ärmel ab. Zuerst bedeutete ich ihm, er solle das doch sein lassen, am Kopf hätte ich die Verwundung, die jetzt nach dem Kanister Wasser noch mehr brannte als vorher, aber dann sah ich zu meinem Schreck, dass das ja alles aussah wie bei Charlie Chaplin nach einer Explosion: alles schwarz, zerrissen und zerfetzt - ich konnte gar nicht glauben, dass das zu mir gehörte, zumal ich überhaupt nichts gespürt hatte und erst durch den Sanitäter darauf aufmerksam wurde.

Gleich danach wurde ich mit einem anderen Fahrzeug weitertransportiert, wieder, als Schwerstverletzter, als Beifahrer; dieses Fahrzeug hatte sogar eine Kabine, aber durch einen früheren Luftangriff keine Windschutzscheibe mehr, und schon wieder war ein Flugzeug über uns, weshalb der Fahrer wie ein Henker fuhr; der Fahrtwind tat mir verdammt weh, vor allem in den Augen; ich sah gerade noch Peñas Blancas und wie wir die Grenze passierten, die erste Brücke von Costa Rica, von der der Fahrer erzählte, dass ein Kommando der Guardia sie sprengen wollte, aber alle ausser einem umgekommen wären, dann hatte sich auch mein linkes Auge geschlossen - ich sah nichts mehr! Die Verbandsstation in La Cruz war auch nur ein kurzer Zwischenaufenthalt, dann wurde ich nach Liberia ins Krankenhaus gebracht. Das alles geschah an einem Samstag, 14. Juli, dem französischen Nationalfeiertag und genau 8 Jahre nach meiner Führerscheinprüfung.

In Liberia kümmerte man sich zum ersten Mal richtig um meine Augen, vor allem wurden sie gespült, um den ganzen Dreck rauszuholen, was auch eine Qual war. Dort traf ich auch auf einen deutschen Arzt, der für die Sandinisten arbeitete, und plauderte auch einiges mit ihm, ohne ihn allerdings sehen zu können. Erst drei Jahre später lernte ich ihn von Angesicht zu Angesicht kennen, seinen Namen erfuhr ich schon eher bzw. sein Pseudonym: Carlos Vanzetti (sein richtiger Name war Ernst Fuchs; er blieb in Nicaragua als leitender Arzt eines Krankenhauses bis zu seinem Tod). Nach der Behandlung, mit Spritzen vollgepumpt, schlief ich ein, für mich sehr lange, in Wirklichkeit aber nur bis zum nächsten Tag. Als ich aufwachte, war mein erster Gedanke: wo ist meine Ausrüstung? Wahrscheinlich war dies eine Folge meiner Erfahrungen von Nueva Guinea. In der Zwischenzeit hatte ich Krankenhauskleidung an, meine Uniform, zerrissen, verdreckt und nass, hatte man weggeschmissen und die Stiefel der Frente übergeben, aber mein Rucksack war noch da! Da waren zwar keine Reichtümer drin, nur noch ein paar Patronen, Wäschestücke und die schon erwähnten Papiere (Erfahrungsbericht von Nueva Guinea), aber den Rucksack wollte ich behalten.

Am nächsten Tag wurde ich in einem Rotkreuzfahrzeug nach Punta Arenas gebracht zum modernsten Krankenhaus im Norden von Costa Rica, aber auch da wollten sie mich nicht haben, sondern schickten mich direkt weiter nach San José ins modernste Krankenhaus des Landes, dem Hospital México. Ganz offensichtlich war das Problem meine Augenverwundung, die sonst nirgends richtig behandelt werden konnte. Ab jetzt begann eine meiner positivsten Erfahrungen des ganzen Krieges, die Behandlung in diesem Krankenhaus als Sandinist; alle sorgten sich rührend um einen, angefangen von der Aufnahmestation bis hin zu den ganzen Angestellten, die in ihren Pausen an uns vorbeidefilierten und uns nach unseren Wünschen fragten; nur die eigentlichen Ärzte waren reservierter, aber auch korrekt. Der ganze vierte Stock war für die Sandinisten reserviert, im dritten Stock waren einige Guardias, wohlgeschützt durch ihre Kollegen aus Costa Rica. Dort war auch der Capitán Diablo, Standortkommandant von Peñas Blancas, der übelst verwundet beim Sturm auf dort sich erst viel später ergab, als schon Maden aus seinen Wunden rauskamen.

Mir kam die beste Behandlung zugute, nicht nur medizinisch, indem man mir die fünf grössten Splitter aus dem Auge holte und täglich meine rechte Gesichtshälfte, rechte Oberkörperhälfte und meinen Oberarm kurierte, der ein fünfmarkstückgrosses Loch aufwies, neben diversen anderen Verbrennungen, sondern vor allem menschlich, einfach unglaublich, wie man sich um uns kümmerte! Auch von seiten der Frente direkt war ein(e) Verantwortliche(r) da, die Maria Victoria, die ich schon von früher her (aus dem Haus von Arlen und als Freundin vom Rafael) kannte und die formell auch im Krankenhaus arbeitete, in Wirklichkeit sich aber hauptsächlich um uns Verwundete kümmerte. Auch meine Bekannten, die Juanita, der Chacalote und die Arlen (diese vertreten durch erstere) besuchten mich und brachten mir sogar einen Brief von meiner Familie mit. Am liebsten hätte ich ihn natürlich sofort gelesen, aber ich sah ja nichts! Andere konnten ihn auch nicht vorlesen, denn er war ja auf deutsch. Das mit dem Blindsein ist schon sehr blöd, auch wenn ich wusste, dass es nur zeitweilig war, denn ich wusste ja, dass mein linkes Auge funktionierte und nur durch die Explosion verblitzt und gereizt war. Für mein rechtes Auge hatte ich keine grosse Hoffnung, ich wusste aber auch, dass es nicht ganz blind war, da ich ja im ersten Augenblick nach der Detonation noch schemenhaft den Boden erkennen konnte; ausserdem versicherten mir auch die Ärzte, dass es nicht ganz blind sei. Trotzdem ist das Blindsein eine blöde Sache, für alles braucht man fremde Hilfe, selbst fürs Essen und fürs Klo. Als ich einmal selber aufs Klo gehen wollte, verfranste ich mich hoffnungslos. Am Montagabend nahm ich allen meinen Mut zusammen und öffnete unter vielen Schmerzen und Tränen mein linkes Auge etwas, um den Brief zu lesen - zumindest die ersten Zeilen brachte ich zusammen; dann war Schluss: am Tag drauf wiederholte ich die gleiche Prozedur, um auch den Rest lesen zu können.

Mittlerweile hatten wir auch Radio auf dem Zimmer (wir waren zu zweit bis viert bei sechs Betten), um immer die neuesten Nachrichten hören zu können und uns die Langeweile mit Musik zu vertreiben. So bekam ich den 19.Juli, den Tag des Sieges, wie jeder unbeteiligte andere Zuhörer nur im Radio mit. Alle fragten uns nach unseren Wünschen, mein seligster Wunsch war, der Familie mitzuteilen, dass ich lebe, und einen ausfürlicheren Brief zu schreiben. Dazu brauchte ich Briefpapier. Der Wunsch wurde mir erfüllt, sogar so ausgiebig, dass ich jahrelang Briefpapier und Umschläge hatte. Nach 8 Tagen war ich schon wieder so weit hergestellt, dass ich entlassen werden sollte, was aber nicht ging, da ich überhaupt keine Kleidung mehr besass! Es dauerte noch 2

Tage länger, bis Kleidung für mich aufgetrieben war, am 25.Juli wurde ich dann entlassen und kam auf besonderen beiderseitigen Wunsch wieder ins Haus von Arlen, Juanita und Co., auch wenn die Arlen in der Zwischenzeit schon nach Nicaragua abgereist war.

Anfang August kam ich dann mit einem Bus voller Verwundeter auch nach Nicaragua, zuerst noch in ein Militärlazarett im ex-Guardia-Hauptquartier, dann in ein nobles Haus in Altos de Santo Domingo, wo der Fizz hauste (der Villa des ehemaligen Bügermeisters von Managua, Chef der „Mano Blanca", der Todesschwadronen). Erst danach kriegte ich Kontakt mit der Arlen, im Aussenministerium (Chefsekretärin von Miguel d'Escoto), wo ich dann auch arbeitete, und mit ihr im gleichen Haus wohnte, vom ehemaligen Polizeichef von Managua, in der Carretera a Masaya, gegenüber der Stelle, wo heute die neue Kathedrale ist („las Tetas de Obando y Bravo" – die Titten vom Kardenal Obando y Bravo, wegen der komischen.Dachkonstruktion).

Was sagt der Feind zur erzählten Episode?

Der ehemalige Befehlshaber der EEBI der Nationalgarde, Justiniano Pérez, schreibt in seinem Buch „El Ejército de los Somoza" zu „Rio Ostayo" auf S. 279 - 283 und S.381 - 382 folgendes inhaltlich (dazu Gegenüberstellungen des Autors):

Justiniano Pérez	Wolfgang Meier
(Comandante) Bravo hatte an der Grenze nur 60 Mann zur Verfügung (die „Patrulla Presidencial", eine Art Elite-Verfügungs - Truppe) und konnte deshalb die Grenze nicht halten	Schon seit langer Zeit war an der Südgrenze ein grosser Teil der Guardia stationiert, wie auch aus meiner Erzählung der Reise zu ersehen ist, sowie aus dem Kapitel von Pérez vorher (El Naranjo, S.380); allein da spricht er vom zusätzlichen Einsatz von 100 frisch ausgebildeten Soldaten der EEBI
Bravo richtete sich nach dem Rückzug in CIBALSA ein	Falsch; er war schon lange vorher dort (siehe Erzählung); dazu auch in Sapoá und Peñas Blancas
Die FSLN hatte eine überwältigende Übermacht („Tausende") an Kämpfern und Waffen	Stimmt, aber nur an Quantität, nicht an Qualität; es waren auch nicht „Tausende"; die meisten griffen auch nicht in das Kampfgeschehen ein; etwa 800 waren direkt an der Front, etwa 1000 waren im Rückraum, in der Reserve, in der Ausbildung und in der Logistik eingesetzt; die Verluste (Tote, Verwundete, Kranke) und damit die Rotation des Personals waren enorm hoch! In Peñas Blancas wurde eigens ein Friedhof eingerichtet, auf dem 200 Kämpfer vorläufig bestattet wurden (neben den vielen anderen, die noch lebendig nach Costa Rica gebracht

	wurden und dann dort starben); von meiner ursprünglichen Gruppe von 15 Leuten war am Schluss nur ich übrig, nach 4 Wochen (alle anderen waren neu). Die Guardia hatte hier am Schluss auch schwerere Waffen wie 120 - mm - Mörser, Haubitzen und Mehrfach-Raketenwerfer
Nur wenige Soldaten hielten den Vormarsch der FSLN bis zum 17.Juli auf (die Kompanie Delta der EEBI)	An der Front selber waren immer relativ wenig Soldaten der Guardia eingesetzt (evtl. 80), aber jeden Tag wechselnd. Bravo hatte wohl fast die ganze EEBI, einen Teil des Batallón Blindado (Panzer-Bataillon) und die Patrulla Presidencial zur Verfügung; an anderer Stelle gibt Pérez zu, dass es etwa 750 Mann waren
An der Südfront wurde das Beste vom Besten der Guardia eingesetzt („la crema y nata"); diese Truppen fehlten dann, um als mobile Kräfte eingesetzt zu werden wie vorher üblich	Die Guardia an der Südfront war gut ausgebildet und führte einen Abnützungskrieg, der letzten Endes auch ihr schadete, da diese Elite-Einheiten als mobile Kräfte an anderer Stelle fehlten
Es gab bei der FSLN viele Kubaner, Panameños und andere Internationalisten	Kubaner direkt gab es, wenn überhaupt, nur als Berater im Rückraum. Es gab Chilenen, die nach 1973 (nach dem Pinochet-Putsch) nach Kuba gingen und dort militärisch ausgebildet wurden, z.B. die in der Erzählung erwähnten Kanoniere an den rückstoss-

	freien Kanonen und an den Flugab-wehr-Vierlings-Geschützen; es gab Panameños, aber die meisten der von ihm gehassten „Internationalisten" waren Leute aus Costa Rica (nur wenige von anderen Ländern)
Einsatz von vielen Waffen aus Kuba	Die vorher erwähnten Waffen sowie die Mörser stammten wohl <u>aus</u> Kuba, aber auch aus Panamá; einige andere kamen wohl <u>über</u> Kuba (alte RPG-2-Panzerfäuste, BZ-MGs). Fidel Castro erwähnt einen Flug mit Waffen von Kuba nach Costa Rica. Die grösste Zahl an Waffen, vor allem die Gewehre vom Typ FAL, stammten aus Venezuela (das Wappen und die Nummern am Magazinschacht waren herausgestanzt).

Frage

So viele Ideale ...

So viele Pläne ...

So viele Anstrengungen ...

So viele Opfer ...

Soll das alles umsonst gewesen sein?

Personenregister

Antolín

Gruppenführer der Coluna, früher und später Lagerchef

Chacalote

bzw. Cachalote, Zugführer der Coluna; nahm an der Besetzung des National-palastes (August 1978) teil; später (80-er Jahre) Offizier der Sondertruppen des Innenministeriums; heute Stadtrat der FSLN in Granada

Chico Garand

Bauernsohn aus dem Nordwesten, Mit-glied der Coluna, Verräter, stahl Geld und Dokumente und ging zur Guardia

Coluna

Coluna Jacinto Hernández, so hiess die Abteilung der FSLN von 128 Kämpfern, die im April 1979 in den Südosten Ni-caraguas einfiel und von denen nur 24 überlebten (Hauptteil der Erzählung)

Comandante Cero

Eden Pastora; als Chef der Aktion der Besetzung des Nationalpalastes im Au-gust 78 trug er die Nummer 0, deswe-gen der Name; ehemaliger Haifischjä-ger in Costa Rica, war ab 1977 in der Südfront, am Schluss mit deren Chef; nach dem Sieg stellvertretender Minis-ter für Inneres, dann Verteidigung, wechselte die Fronten und gründete eine eigene Contra-Organisation (ARDE), später wurde er von Daniel Or-tega wieder gerufen und war bei ver-schiedenen Gelegenheiten sein Büttel

	(Streit um das Delta des Rio San Juan, Unterdrückung der Demonstranten ab Mai 2018 mit paramilitärischen Banden)
Domingo	Adolfo Garcia Barbarena, Bewohner der Grenzregion um El Castillo; Leiter der Base 20; einer der drei Führer der Coluna
Emmett	Emmett Lang, der „Político" der Coluna
Ernesto	Iván Montenegro, einer der beiden Hauptführer der Coluna
Felipe	Felipe Peña, Bauer aus Solentiname; nahm im Oktober 77 am Angriff auf San Carlos teil und wurde dabei gefangen genommen; freigepresst mit der Besetzung des Nationalpalastes im August 78; war Teil der Gruppe des Autors in der Coluna
Marvin	José Valdivia; war ab 1976 in der Südfront, am Schluss mit deren Chef; nach dem Sieg stellvertretender Minister für Verteidigung, dann hoher Offizier im Heer
Oscar	Zugführer in der Südfront, später Chef eines Polizei- bzw. Grenzschutzbataillons im Süden, dann mit Eden Pastora in der Contra
Porfirio (1)	nahm an der Besetzung des Nationalpalastes (August 1978) teil, später Gruppenführer in der Coluna

Porfirio (2)	ehemaliger Guardia, deswegen die Vorliebe für das Gewehr Garand, Teil der Gruppe des Autors in der Coluna
Rosendo	Oscar Benavides, der andere Hauptführer der Coluna
Tico	allgemein für Costaricaner; speziell für einen Zugführer in der Südfront; starb bei einem Bombenangriff

Sachregister

Base 20	eines der Lager der FSLN in Costa Rica an der Grenze zu Nicaragua: die Lager 10 bis 15 waren an der Pazifikseite, 20 und 21 am Rio San Juan
BECAT	Brigadas Especiales de Combate Anti-terrorista, Elitetruppe der Guardia für den Kampf gegen die Stadtguerrilla
Browning	BAR – Browning Automatic Rifle (bekannt aus dem Film „Bonnie and Clyde"): Waffe aus der Zeit vor dem 2. Weltkrieg, Waffe der Guardia, Kaliber 7,62 x 63 mm bzw. 30-06
BZ	tschechisches Maschinengewehr (deswegen auch „checa"), Kaliber 7,62 x 51 mm, vereinzelt von FSLN benutzt
CAL	belgisches Schnellfeuergewehr (Carabina Automática Liviana), Kaliber 5.56 x 45 mm, Nachfolgewaffe vom FAL (siehe unten), von der Guardia am Schluss auch benutzt, hier Version Scharfschützengewehr mit kontrolliertem Feuerstoss (3 Schuss);
Coluna	Coluna Jacinto Hernández, so hiess die Abteilung der FSLN von 128 Kämpfern, die im April 1979 in den Südosten Nicaraguas einfiel (Hauptteil der Erzählung)

EEBI	Escuela de Entrenamiento Básico de Infantería, ursprünglich eine Ausbildungseinheit, dann Elitetruppe der Guardia für den Kampf auf dem Lande
FAL	belgisches Schnellfeuergewehr, Kaliber 7.62 x 51 mm, aus den 50-er Jahren, hier Version aus Venezuela; Standardwaffe von FSLN in der Coluna und in der Südfront; es gab auch eine Version zum Verschiessen von Gewehrgranaten, mit speziellem Mündungsfeuerdämpfer („tromblón")
Galil	israelisches Schnellfeuergewehr, Kaliber 0.223 bzw. 5,56 x 45 mm, Waffe der Guardia in verschiedenen Versionen, vor allem der EEBI und der BECAT
Garand	Rifle M1: halb-automatisches US-Gewehr aus dem 2. Weltkrieg, Standard-Waffe der (alten) Guardia, Kaliber 7,62 x 63 mm bzw. 30-06, wurde auch typischerweise zum Prügeln verwendet
MAG	belgisches Maschinengewehr Kaliber 7.62 x 51 mm, hier die Version aus Israel, von Guardia und FSLN benutzt
MG 0.30	US-Maschinengewehr Kaliber 0.30 oder 30-06 bzw. 7,62 x 63 mm, von Guardia und FSLN benutzt
MG 0.50	US-Maschinengewehr Kaliber 0.50 bzw. 12,7 x 99 mm, von der Guardia benutzt

MG 42	deutsches Maschinengewehr aus dem 2. Weltkrieg, Kaliber 7,92 x 57 mm, vom Autor teilweise benutzt
Pacote España	Somoza erhielt vom Spanien Francos militärische Hilfe in Form von Ebro-Jeeps und LKWs (getarnt als Zivil-Hilfe, deswegen alle in orange) und Aviocar-Transportfliegern
Pacote Israel	Verkauf von alten Kleinpanzern („tanquetas"), Waffen (Galil, MaG-MGs), Munition und Klein-Flugzeugen „Push and Pull" an Somoza
Push and Pull	US-Kleinflugzeug, Cessna Skymaster, mit 2 Motoren, einer vorne und einer hinter, deswegen Push and Pull; die Luftwaffe hatte 5 oder 6 und benutzte sie für den Bodenkampf, bewaffnet mit 2 Raketenpylonen mit je 7 Raketen 2,75 Zoll (etwa 70 mm)
RPG 2	russische Panzerfaust aus den 50-er Jahren, Vorgänger der bekannten RPG 7; die von der FSLN verwendeten Waffen stammten aus China oder Vietnam mit unlesbaren Schriftzeichen, deswegen der Spitzname „bastón chino" = chinesischer Spazierstock
Südfront	von FSLN besetztes Gebiet von der Grenze (Peñas Blancas) bis Rio Ostayo, entlang der Panamericana; vor

und parallel zum Rio Ostayo war die eigentliche Front, besetzt mit etwa 800 Kämpfern, die Gesamtzahl betrug knapp 2000, mit den Truppen (Stab, Nachschub, Sanität, Ausbildung usw.) in und um Sapoá, La Calera und Peñas Blancas; die Verluste waren enorm hoch; alleine in der Nähe der Grenze gab es einen Friedhof mit mehr als 200 Toten; die Gesamtzahl konnte gehalten werden, weil immer neue Leute nachkamen

T-33   leichtes Düsenflugzeug der Luftwaffe, mit Raketen und 2 schweren MGs 0.50 bewaffnet

Bibliographie

Da es sich um eine autobiographische Erzählung handelt, erübrigen sich eigentlich bibliographische Hinweise und Quellen. Es wird aber ein Buch erwähnt, vom ehemaligen Befehlshaber der EEBI der Nationalgarde:

Justiniano Pérez, El Ejército de los Somoza, Miami 2009 / Managua 2010.

Zur Vertiefung des Themenfeldes sei auf folgende Bücher, Zeitschriften und Artikel hingewiesen:

ILA-Info, Bonn, viele Ausgaben, vor allem aber in Nr. 420, die Artikel:

Matthias Schindler, Fragt Eure Frauen!, S.26

Niemand möchte eine Mörderin zur Mutter haben (Interview mit Zoilamerica Narváez), S.21

Myrna Santiago, „Nicaragua and the Battle over Memory and History", Vortrag vom 1.11.2018 am St. Mary´s College of California. Berkeley.

Sergio Ramírez: El pensamiento vivo de Sandino. Educa-Verlag, San José 1974. Es gibt auch viele spaetere Editionen, auch auf deutsch.

Wolfgang Meier: Problematik sozialrevolutionärer Regime in der „Dritten Welt". Eine vergleichende Untersuchung der Entwicklungen in Guinea-Bissau (1974 – 1990) und Nicaragua (1979 – 1990). Dissertation 1994. Tectum-Verlag Marburg

Lebenslauf des Autors

Geboren 1953 in Nordbayern

Schule von 1959 – 1963

Gymnasium von 1963 – 1972

Bundeswehr (Fallschirmjäger, Lt.d.R.) 1972 – 1974

Studium 1974 – 1978 (Volkswirtschaftslehre, Schwerpunkt Entwicklungspolitik, Lateinamerikawissenschaften mit den Sprachen Spanisch und Portugiesisch)

Nicaragua 1979 (Krieg, Aussenministerium)

Botschaft von Nicaragua in Bonn von 1980 – 1983

Regionalregierung von Rio San Juan, Nicaragua von 1983 – 1990 (Projektmanager fuer die verschiedensten Entwicklungsprojekte)

Guinea-Bissau von 1990 – 1993 (Entwicklungshelfer, Projektleiter)

Kurzzeitexperte 1993 und 1994 (Europa, Kuba, Angola, Georgien)

Brasilien von 1994 – 1998 (Amazonien), internationale Zusammenarbeit im Bereich nachhaltiges Management von Naturressourcen

Nicaragua von 1998 – 2001 (Südosten), internationale Zusammenarbeit im Bereich nachhaltiges Management von Naturressourcen

Brasilien, seit 2002 (Amazonien, verschiedene Tätigkeiten im Bereich nachhaltiges Management von Naturressourcen, mit einer lokalen Nichtregierungsorganisation), unterbrochen

Zeitfracht Medien GmbH
Ferdinand-Jühlke-Straße 7
99095 Erfurt, Deutschland
produktsicherheit@kolibri360.de